고향이 다른 사람들이 영가족이 되어
예수 그리스도의 몸 되신 교회를 이루는 이야기

그냥,
가족.

고향이 다른 사람들이 영가족이 되어
예수 그리스도의 몸 되신 교회를 이루는 이야기

그냥, 가족.

남과 북이 고향인 하나님의 자녀들 지음

 사랑의교회 북한사랑의선교부

CONTENTS

"즐거워하는 자들과 함께 즐거워하고 우는 자들과 함께 울라"
(롬12:15)

추천사 _ 6

프롤로그 _ 10

Episode 1

바로, 달려갈게요 _ 15

+ 하나원 _ 52

Episode 2

권사님처럼, 살 거예요! _ 55

+ 쥬빌리통일구국기도회 _ 96

Episode

이들과, 사랑에 빠졌어요! _99

+ SENK & 복음통일아카데미 _154

Episode

제게 흘러온 사랑이,
저를 통해 흘러가기를… _157

+ 북한사랑의선교부 _206

Episode 5

엄마가 계시는 고향집,
반석학교 _211

+ 반석학교 _262

◆ 추천사

"그냥, 가족"에 담겨 있는
통일시대 부흥의 새 역사를 향한 소망

하나님께서 주권적으로 인도하시어 사랑의교회 북한사랑의선교부를 영적 기백으로 무장한 북한선교의 날선 영적 비밀병기로 세워주셨습니다. 선한 목자 되신 주님께 모든 존귀와 영광을 올려드립니다.

교회가 꿈꾸어야 할 통일의 목적은 일관되게 '하나님 나라의 확장'에 있습니다. 한국교회가 지향해야 할 통일의 목적성은 영혼 구원과 관련된 하나님 나라와 연결되어야 합니다. 남과 북의 통일은 하나님 나라와 세계선교의 마무리에 쓰임 받아야 하는 시대적 과제이자, 하나님의 뜻에 순복하는 과정으로 거룩하게 쓰여야 하기 때문입니다.

피 흘림 없는 복음적 평화통일은 주님 앞에 우리가 얼마나 전적으로 의

탁하는가에 달려있습니다. 실오라기 하나 남기지 않고 주님께 맡길 때, 눈물과 땀과 피를 쏟아가며 남북문제를 주님께 올려드릴 때, 한국교회가 겸비함으로 주님의 역사하심을 앙망할 때, 시대의 아픔을 주님께 내어드릴 때, 순수추주(順水推舟)의 의미 그대로, 물이 흐르는 방향으로 배는 움직일 것입니다.

하나님께서 분단이라는 아픔을 통해 계획하시는 '거룩한 부르심'은 회개의 강수를 통해 순결한 영적 공동체로 변화된 통일 한국임을 믿습니다. 통일은 하나님의 마음이고 시대의 흐름입니다. 하나님의 심정을 담은 눈물의 기도로 통일을 부르짖을 때, 그리스도의 보혈이 북한 땅 가운데 임하기를 간구하는 그 눈물의 기도가 흐르는 방향대로 하나님께서는 마침내 통일을 이루어주실 것입니다.

그 마음 그대로 저는 오늘도 주님께 기도합니다. "역사의 주인이신 하나님! 저 북녘땅에 주의 얼굴을, 참된 진리의 말씀을 비추어 주옵소서. 북한 지하교회 성도들의 간절한 기도와 사무친 통곡의 눈물을 받으시고, '사람이 자기 아들을 안는 것 같이'(신 1:31a) 성령의 안아주심으로 지켜 주옵소서. 북한을 사랑하시는 하나님의 심정이 잃어버린 자녀를 찾는 아버지의 마음임을 깨닫게 하시고, 통일로 가는 그 모든 과정이 워싱턴과 베이징, 모스크바에서 결정되는 것이 아니라, 오직 하나님의 주권과 섭리 안에서 이루어지는 성령의 역사임을 믿음으로 바라보게 하옵소서."

"북한사랑의선교부에 부어주신 통일 공동체의 모습이 이 한반도에 우후죽순(雨後竹筍)처럼 일어나게 하옵소서!"

동방의 예루살렘 평양은 회복될 것입니다. 2,850여 개의 북한교회는 다시 세워질 것입니다. 그날, 우리는 평양에서 이어질 사랑의교회 특별새벽부흥회에 부어주시는 여호와 하나님의 거룩한 임재의 찬란한 영광을 목도하게 될 것입니다. 그날이 속히 오기를 바라는 마음으로, 그리고 이 한반도에 예수 그리스도의 몸 되신 통일공동체가 방방곡곡에 가득하길바라는 마음으로 교회 공동체의 이야기, 영가족의 사랑인 『그냥, 가족』, 이 책에 담긴 귀한 믿음의 고백들이 통일시대 부흥의 새 역사의 소망이 될 것을 믿어 의심치 않습니다.

"하늘과 별들 다 찬양하라 천군도 천사도 다 찬양하라"

시편 148편 말씀 그대로인 "능력의 주(God Almighty)", 이 가슴 벅찬 찬양을 기쁨 가득한 함성으로, 남과 북이 함께 부를 통일의 그날이 목이 메도록 그립습니다.

주후 2023년 1월 8일

주 안에서 따뜻이

사랑의교회 담임목사 오정현

◆ 프롤로그

"복음적 평화통일을 이미 함께하는 공동체, 아기부터 어른까지 함께 하는 교회 안의 교회, 북한사랑의선교부에 오신 여러분들을 주님의 이름으로 환영합니다! 사도신경을 외우심으로써 하나님께 저희의 신앙을 고백하겠습니다."

매주 사랑의교회 북한사랑의선교부 주일예배는 우리만의 독특한 환영인사로 시작됩니다. 신앙고백을 마친 후에는 강대상 앞쪽 벽에 붙어있는 큰 현수막에 쓰인 글귀를 다짐하는 마음으로 선포합니다.

"외롭지 않고, 서럽지 않게 언제나 함께하는 영가족, 피 흘림 없는 복음적 평화통일을 이미 재현하고 있는 북한사랑의선교부에 오신 여러분들을 다시 한번 진심으로 환영합니다."

이어서 우리 모두는 언제나처럼 서로에게 밝고 활기차게 찐한(?) 영가족 인사를 합니다. 이 시간에는 눈을 마주치고, 손을 따뜻하게 잡아주고, 안아주며 서로의 가족이 되어 삼촌, 이모, 고모, 언니, 누나, 동생으로서의 마음을 나눕니다. 보통 다른 교회에서 예배 중에 나누는 성도의 교제

시간보다 훨씬 긴 시간을 할애하는데, 그 이유는 이 시간이 예배에 참여하고 있는 많은 분들에게 삶의 무게와 긴장감을 내려놓고 편하게 마음을 주고 받게 하는 유일한 시간이기 때문입니다. 특히 북녘땅이 고향인 분들에게는 낯선 타향에서의 고단한 삶을 잊고 가족 같은 마음을 나누는 온기 가득한 시간이 되기 때문입니다.

북한사랑의선교부는 2006년 11월, 2년이라는 사전 준비 기간을 거쳐 창립예배를 하나님께 올려드렸습니다. 모든 교회의 성장 과정이 그러하듯이 북사선의 지난 시간 안에도 수많은 희로애락으로 가득한 사역의 역경이 있었지만, 남과 북이 함께 어울리는 주일학교, 청년부, 영커플 그리고 장년부가 한 몸 되어 움직이는 '교회 안의 교회'로 성장했습니다. 어느덧 올해 17주년이 된 북사선은 매 주일 남과 북이 하나가 된, 화해의 공동체로서 가슴 벅찬 예배를 올려드리며, 통일과 북한을 향한 하나님의 마음을 새기고 있습니다.

그 각오와 삶의 다짐을 "그냥, 가족"에 담았습니다. 이 책은 온전한 '통일믿음보고서'이며 하나님과 영가족이 된 서로에게 보내는 '사랑 고백'

입니다. 우리는 이 책 안에 남북이 하나가 되어 예수 그리스도의 몸 되신 화해의 교회 공동체를 이룬 영광스러운 어제와 오늘의 모습을 그대로 담았습니다.

"그냥, 가족"은 88명의 통일사명자들에 의해 작성되었습니다(강은주, 구은숙, 김길녀, 김명희, 김연우, 김예준, 김은주, 김유경, 김해순, 김현덕, 김현숙, 나성순, 문선희, 문유진, 박상규, 박채은, 박현정, 박환승, 반미선, 박은교, 손석현, 안성인, 안수미, 양민숙, 양주순, 오명경, 오연성, 오해영, 윤 인, 윤지현, 은종길, 이강준, 이경민, 이경옥, 이기원, 이나영, 이상민, 이석우, 이소영, 이순경, 이순정, 이승구, 이유림, 이일순, 이정수, 이지원, 이진아, 이혜정, 인정선, 임바울, 임수경, 임은주, 임현우, 장보식, 정숙현, 정영금, 정유례, 정재이, 정혜경, 조태형, 주혜림, 최성욱, 최은혜, 최종화, 피경희, 한영애, 허연주, 허석영, 홍정환, 황오선님이 참여했고, 18명의 반석학교 교사와 학생들도 함께 했습니다).

출판을 위한 비용은 익명의 한 분을 포함한 총 21명(김근식, 김명희, 김해순, 나성순, 박현정, 승현우, 양민숙, 유현수, 윤동주, 윤 인, 이다슬, 이석우, 이수진, 이은광, 인정선, 임현우, 정혜리, 최은혜, 최윤진, 북사선 2교구 5다락방)이 헌신해 주셨습니다.

이 책의 제목을 "그냥, 가족"으로 정한 것은 현실을 살아가는 이 땅의 모든 가정들 안에 사랑 가득한 따뜻한 모습도 있지만, 남들에게 보여주고 싶지 않은 부족한 여러 단면들이 있음에도, 언제나처럼 서로의 가족인 것처럼 우리 북한사랑의선교부 역시, "그냥, 가족"이라는 것을 보여주기 위함입니다. 글을 쓴 분들의 이름을 적지 않고 고향을 적은 것은 북에 남아 있는 가족의 신변보호라는 이유와 함께, 서로 다른 곳에서 태어났지만 지금은 함께 살면서 '그냥, 가족'이 된, 영가족 공동체라는 의미를 강조하기 위함입니다.

저희가 먼저 경험한, 출신과 지역, 사상을 초월한 통일의 기적이 백두에서 한라까지, 한반도의 방방곡곡에 차고 넘치는 날이 속히 오기를 간절히 소망합니다.

(서울특별시)

Episode 1

바로, 달려갈게요

Episode 1

바로, 달려갈게요

죽음과 삶의 문턱을 두 번이나 거치는 동안, 저는 늘 제가 운이 좋았다고만 생각해 왔습니다. 이제 와서 돌아보니, 성경(눅 10:29~37)에서 말하는 강도 만난 자가 바로 저였습니다.

25년이란 세월이 흘렀음에도, 여전히 머릿속에는 마치 어제 일처럼 잊히지 않는 순간들이 있습니다. 때는 1996년 7월 어느 날, 평안도 순천 언니 집에 다녀오는 길에 일어난 일입니다. 사리원 역에서 언니가 싸준 도시락을 먹었는데, 이후 이상 증세가 나기 시작했습니다. 북한에서는 너무도 흔했던 장티푸스였지요. 정신을 잃고 쓰러져 있는 저를, 누군가 질질 끌다 병원 창고 안에 던져버리고 대문을 잠가버렸습니다. 얼마나 시간이 지났을까요. 눈을 떠보니 어둠 속이었는데, 그곳에는 시체인지 사람인지 모를 존재들이 바닥에 쭉 깔려 있었습니다. 그때 정신이 번쩍 들면서 꼭 나가야겠다는 생각이 들었습니다. 정신을 차리기도 힘들었던 제게 어디서 났는지 모를 초인적인 힘이 났고, 결국 저는 기어서 문 쪽으로 다가갈 수 있었습니다. 옛날 대문처럼 두 문을 밀어보니 아래쪽에 머리가 나갈 만한 구멍이 생겼습니다. 그 넓은 병원 운동장에 사람 기척이라곤 찾아볼 수가 없었습니다. 그렇게 죽기 살기로 100m 남짓 될 그 운동장을 기어 나왔습니다. 정문에 다다른 후로는 기억이 없습니다. 제가 눈을 뜬 것은 3~4일이 지난 후였습니다. 알지 못하는 할머니 한 분이 저를 돌봐주고 계셨는데, 할머니도 모르는 총각 하나가 저를 수레에 태워 데려다주면서 지갑에 있는 돈을 다 털어주었다고 했습니다. 일주일 후에 다시 들를테니 그 때까지 잘 돌봐주고, 혹시나 돈이 부족하면 그때 다 갚겠다고 하면서 말입니다. 일주일이 지나, 그분은 진짜 나타나셨고, 정산도 해 주셨습니다. 그렇게 저는 구사일생으로 살아나 다시 집으로 돌아갈 수 있었습니다.

스물세 살 때의 일입니다. 무슨 거창한 계획이 있어 중국으로 간 것이 아니었습니다. 호기심에 압록강 변에 갔다가, 뒤에서 쏘는 총소리에 지레 겁을 먹고는 앞으로 갈 수밖에 없었고, 그렇게 고향을 등지게 되었습니다. 지금 생각해도 눈물이 앞을 가립니다. 강 깊이가 겉보기에는 무릎 정도로 보였지만, 막상 들어가 보니 목까지 찼습니다. 공포에 질린 채 낯선 중국 땅을 밟았고, 누구 하나 반겨주는 이 없이 산에서 몸을 숨기며 보름의 시간을 보냈습니다. 젖은 몸에 감기가 걸렸지만 약 하나 먹을 수 없었고, 앉아있을 기운조차 없어 모든 것을 포기하고 산 어딘가에 누워있던 저를 북한에서 건너온 언니 한 분이 어느 가정집으로 데려다주었습니다. 그 집에서 약을 지어 먹으며 기운을 찾았고, 갈 곳 없는 저를 딸 삼아 주신 양어머니를 만나 길림으로 나오게 되었습니다. 약 5개월에 걸친 병원 치료 끝에 겨우 완치한 저를 양부모님은 딸처럼 여겨주셨고, 지금의 남편과 결혼식을 치러 주셨습니다.

2005년, 한국 땅을 밟은 것은 돈을 벌기 위해서였습니다. 그렇게 찾은 한국 땅에서 사랑의교회를 만났습니다. 삶이 바쁘다는 핑계로 하나님을 마음에만 모셔두고 실상은 돈을 좇으며 살던 제게 권사님 두 분이 제자훈련을 권하셨고, 그로 인해 하나님을 인격적으로 만나게 되었습니다. 예수님으로 인해 사망에서 생명으로 옮겨졌고, 죽음의 고비를 넘길 수 있었다는 것을 알고 얼마나 감격하며 감사했는지 모릅니다. 세상의 부귀영화보다 더 소중한 것은 바로 하나님의 자녀가 되는 것이라는 사실을 처음 깨닫게 된 것입니다.

이제 와 어릴 적을 돌아보니, 엄마는 명절이면 고향을 방문하지 못하고 기숙사에 있는 아빠 회사의 젊은 청년들을 빠짐없이 집에 데리고 와 밥을 해 먹이셨습니다. 그들이 집을 다 털어가도 예민하게 반응한 적이 한 번도 없으셨습니다. 어쩌다 고기를 끓이는 날이면 꼭 이웃에 가져다주라고 심부름을 보내셨습니다. 그때는 그것이 그렇게 싫었는데, 저도 어느 순간 복숭아 한 박스를 양 옆집에 나누고 있더군요. 어느 순간 엄마를 닮아가는 제 모습을 발견하고는 '피는 못 속이는구나' 하고 피식 웃었습니다.

그 시절, 엄마는 늘 노동 신문에서 무엇인가를 골라서 아궁이에 태우셨는데, 그때는 왜 그러시는지 영문을 몰랐습니다. 많은 부하들을 거느리셨던 아빠, 전문학교 선생님으로 늘 학생들을 가르치셨던 엄마. 어릴 때는 아빠를 따라 호텔에 가서 고래고기, 킹크랩을 먹곤 했는데, 그런 집에서 왜 태우면 안 되는 것을 아궁이에 태우셨는지…. 그러나 세월이 지난 이제야 알게 되었습니다. 우리 엄마가 바로 말로만 들었던 지하 교회 교인이었다는 것을.

아빠 엄마의 사랑을 독차지하고 살아왔던 제가, 하나님을 만나 어떻게 변화되었는지, 이 변화된 모습을 엄마에게 보여줄 날이 오기는 할까요?

생각만으로도 가슴이 뜨거워지는, 날마다 그리운 아빠, 엄마. 그렇게 예뻐해 주셨던 둘째 딸이, 한국에서 하나님의 자녀로 잘 살다가 통일되는 그날, 바로 달려갈게요. 그리고, 이 땅에서의 사명을 마치는 그날, 천국에서 만날 그날을 애타게 그리며 오늘의 그리움을 또 한 번 견디어 봅니다.

(양강도 혜산)

　2010년 중반쯤, 저는 고향 북한 땅을 떠나 남한으로 내려왔습니다. 그 무지의 땅을 떠날 때 저는 이렇게 대도시 서울의 한 복판에 있을 것이라고는 꿈에도 생각 못 했고, 더욱이 기독교인이 되어 내가 떠나온 그땅을 바라보며 그땅을 위하여 이렇게 울부짖으며 기도하게 될 줄은 상상도 못 했습니다.

　한 치 앞도 볼 수 없던 캄캄한 밤. 하늘에서는 장대 같은 소나기가 쏟아지고, 온 대지를 집어삼킬 듯한 천둥소리와 함께 내려꽂히는 번개가 마치 날카로운 비수처럼 가슴을 뚫고 들어올 것처럼 느껴지던 그 무서운 밤. 다시 못 돌아오는 것은 아닐까 하는 생각에 끝없이 뒤돌아 봤던 농촌마을. 까맣고 어두운 암흑 속에서 어느 집에선가 새 나오던 가물거리는 등잔불 빛까지. 이 모든 장면이 지금까지 가슴속에서 지워지지 않고 있습니다.

　아픈 자식을 살리기 위해서 죽음을 각오하고 넘어야만 했던 그 강. 그때만 해도 아픈 자식을 다시는 마음대로 보지 못하게 될 것이라고는 전혀 생각지 못했습니다. 신변의 위험을 무릅쓰고 약을 구하기 위해 친척들을 찾아다니다 보니 북한 최고인민회의 대의원 선거에 참가하지 못했고, 결국 다시는 돌아갈 수 없는 몸이 된 것입니다. 언어도, 풍습도 모든 것이 다른 중국 땅에서 일상을 보내면서 늘 도사리고 있는 북송의 위험 때문에 하루

하루 숨 막히게 가슴 조이며 살 수밖에 없었고, 이 위험을 벗어나기 위해 결국 한국행을 결정했습니다.

그때 동행하게 된 일행 중 독실한 기독교 신자였던 언니 한 분이 있었습니다. 처음에는 그 언니가 하는 이야기, 하나님이 우리를 인도해 주실 것이라든가, 하나님은 우리 아버지이시기 때문에 이 어려운 상황에 있는 당신의 자녀들을 죽게 내버려 두지 않으신다는 내용이 모두 정신 나간 여자의 넋두리처럼 들렸습니다. 그도 그럴 것이 태어나면서부터 일평생 받아온 교육이 이 세상에 김일성 수령님보다 더 위대한 분은 없으며, 북한의 혁명 연극 '성황당'에서도 볼 수 있듯 세상에는 그 어떤 신도 존재하지 않는다는 교육을 철저히 받아온 터라 그런 말이 귀에 들어올 리 없었습니다. 하지만 중국 대륙을 횡단하면서 미얀마, 라오스를 거쳐 태국에 이르는 동안 점점 긴박하게 흘러가는 상황 속에서 그 언니의 기도가 조금씩 의지가 되기 시작했습니다. 결국 우리 일행 다섯 명은 서로 손을 힘껏 부여잡고 "주여, 살려 주옵소서"라고 기도를 하고, "하나님, 아버지!"라는 말들을 자연스레 하게 되었습니다. 언니가 기도할 때면 "아멘!" 하고 화답하기도 했습니다. 정확히 알 수는 없지만, 언니의 하나님 아버지를 붙잡지 않으면 이 길에서 무사히 목숨을 건지지 못할 것 같은 심정이었던 것 같습니다. 국경 순찰 군인들의 말발굽 소리가 코앞까지 다가오던 순간에도 우리는 두 눈을 꼭 감은 채 주님을 찾았고, 신기하게도 그들은 우리를 지나쳐 갔습니다. 무사히 도착한 태국 이민국 감호소에서도 우리의 기도는 이어졌고 한국행 비행기를 타고 인천공항에 도착하는 순간, 내 입에서는 나도 모르게 "하나님, 감사합니다!" 하는 고백이 터져 나왔습니다. 감격적인 순간이었습니다.

국정원 조사 과정과 하나원 교육기간 동안 열심히 교회에 다니기 시작했고, 하나원 안에 있는 하나교회에서 주일예배를 위해 방문한 사랑의교회 북한사랑의선교부 (이하 북사선) 지체들을 만나게 되었습니다. 사랑의교회와 북사선은 대한민국의 일원이 된 저를 열렬히 환영해 주었고, 따뜻한 가족 같은 공동체는 사회에서의 첫걸음을 무난히 내디딜 수 있는 큰 힘이 되어 주었습니다.

그러나 안도감도 잠시뿐, 생각지도 못했던 유방암 진단을 받게 되었습니다. 한국 생활을 시작한 지 두 달도 안 되는 제게 유방암 진단은 그야말로 청천벽력이었고, 북한 땅에 남겨진 아픈 아이를 두고 여기에서 죽는 게 말이나 되냐며 며칠 밤을 울고 또 울었습니다. 북에서 암은 불치병이기 때문에 다 죽는 줄로만 알았거든요. 그러나 광명은 또다시 찾아와 이렇게 건강한 몸으로 이 글을 쓰고 있습니다. 좌절해서 울부짖던 저를 북사선 지체들은 찾아와 희망과 용기를 주었고, 훌륭한 교수님을 찾아 병원을 오갈 때마다 아낌없는 수고로 섬겨주었습니다. 결국 좋은 병원에서 유능한 의사 선생님께 빠른 수술을 받을 수 있었습니다. 하나님의 자녀라는 신분으로 엮인 이 가족 같은 공동체 안에서 저는 외롭지도, 서럽지도 않게 병마와 싸울 수 있었고, 끝내 이겨냈습니다. 그때 끝까지 함께해 주신 분들이 얼마나 많은지 모릅니다. 저를 위해 기도해 주신 북사선의 모든 지체들, 무엇보다도 저를 향한 모두의 기도를 들으시고 치유로 응답해 주신 아버지 하나님께 감사드립니다.

받은 은혜를 흘려보내야 한다는 마음은 있지만, 저는 무지했고 무엇보다도 믿음이 부족했습니다. 분명히 하나님은 위험하고 어려운 고비마다 저를 구원해 주셨는데, 저는 하나님에 대하여 아는 게 너무나도 없었습니다. 두꺼운 성경 책은 장식용이었고, 찬송가는 즐거워서 부르는 노래일 뿐이었지요. 저는 아무것도 하지 않은 채, 여태껏 그랬던 것처럼 기도만 하면 하나님이 다 들어주시는 줄 알고 "도와주십시오", "살려주십시오"라는 말만 반복했습니다. 그런 제게 체계적인 교육을 시도하고, 진정한 하나님의 자녀가 되려면 하나님을 잘 알아야 한다며 기꺼이 멘토가 되어 주신 두 분이 계셨습니다. 따뜻한 친언니 같은 두 분으로 인해 올바른 신앙생활의 길로 들어서게 된 것 같습니다.

게다가 가족 같은 다락방은 생활에 활기를 불어넣어 주었습니다. 무엇보다 다락방은 서로가 서로에게 의지가 되고 도움이 되어 하나님을 알아가고 하나님께 영광을 돌리는 작은 공동체입니다. 외롭고 서럽지 않게 하나가 되어 서로가 서로를 위하는 공동체 말입니다. 아직은 초보에 불과한 신앙이지만 길라잡이가 되어주는 북사선 공동체 안에서 저는 성장하고 발전하게 될 것입니다. 여기서 저는 사랑하는 가족들이 남겨져 있는 북한 땅을 위하여 기도할 것이며, 모든 과정을 오롯이 하나님께 맡겨 드릴 것입니다.

(함경북도 무산시)

　사랑의교회 북사선은 남북의 지체가 함께 통일을 소망하며 예배를 드리는 교회 안에 있는 또 하나의 교회 공동체입니다. 북사선 일원이라면 누구나 미리 온 통일을 경험하는 특별한 은혜를 입지요. 북 지체를 영가족으로 만나 교제하는 것은 '우리는 나눌 수 없는 한 민족이자 형제'라는 사실을 확인하는 것입니다. 그리고 이웃에게 전합니다. 내가 만난 탈북민은 부정할 수 없이 우리와 같은 한 민족이라는 사실을 말입니다. 목숨을 걸고 남한에 왔기에, 우리가 눈과 귀를 가린 채 모르는 척하면 안 될 것 같다고도 덧붙입니다. 그러면 예수님을 믿는 사람이든 믿지 않는 사람이든, 많은 분들이 이 말에 귀 기울여줍니다.

　이처럼 탈북민을 영가족으로 만난 북사선의 모든 지체는 미리 온 통일을 경험하며 '복음 통일'을 위해 자신의 자리에서 통일을 소망하는 소리가 되어 즐겁게 사명을 감당하고 있습니다. 우리는 "전하는 자가 없이 어찌 듣겠느냐"(롬 10:14)는 말씀처럼 듣지 못해서 알지 못하고, 무관심하여 탈북민들에게 상처를 입혀 통일을 준비하지 못하게 되는 일이 없도록 책임의 무게를 감당하고, 힘써 사랑하며 하나 되기를 애쓰고 있습니다. 이런 마음으로 탈북민과 함께하다 보면 그들과 우리는 함께할 수밖에 없는 한 민족이자 가족임을 알게 됩니다.

북사선에는 '정착지원부'가 있는데, 새가족 사역과 하나원 사역을 담당하고 있습니다. 하나원은 탈북민들이 사회에 잘 적응하도록 교육하고 돕는 통일부 소속의 교육 시설입니다. 저도 이 부서에서 섬기고 있는데, 많은 북사선 성도님들이 동참하고 계십니다. 하나원 내에 있는 하나교회 예배를 위해 오래된 악기를 교체해야 하는 상황이 생겼을 때, 이를 위한 모금에 헌금은 차고 넘쳤고, 코로나로 인해 하나교회 간식 지원이 막혔을 때는 여러 권사님들이 자원해 주셔서 섬김이 끊이지 않았답니다. 마찬가지로 코로나로 인해 하나원 나들이 사역이 막힌 적이 있었는데, 그때도 모든 방역 지침을 지키며 헌신한 덕분에 끊이지 않고 진행되기도 했습니다. 북사선 공동체에서 알게 된 상황을 일상의 교제에서 나누었을 뿐인데, 그 이야기를 허투루 놓치지 않고 기쁘게 섬겨 주시는 많은 성도님들의 헌신 덕분에 여러 모양의 사역이 지속될 수 있었습니다. 모든 섬김의 현장을 바라볼 때, 묵묵히 주님 시키신 대로 물을 떠왔던 하인들의 섬김을 보는 것 같았답니다. 이 은혜의 현장에 있었던 저는 정말 행복한 사람입니다.

하나원에서 3개월간 대한민국 적응 교육을 받는 탈북민들은 주일이 되면 원하는 종교를 선택해서 종교생활을 할 수 있습니다. 많은 탈북민들은 교회 예배에 참석하는데, 왜냐하면 그들의 탈북 과정에서 목숨을 걸고 도와주었던 선교 단체들을 통해 이미 복음을 접했기 때문입니다. 한 달에 한 번 함께 드리는 주일예배를 위해 화천 하나원을 방문했을 때, 하나교회의 주보를 보았습니다. 하나교회를 섬기시는 담당 목사님께서 한 편의 글을 실으셨는데, 큰 은혜가 되어 함께 나누고자 합니다.

<길 떠나는 이를 위한 축복 기도>

주님이 그대 앞에 계셔서 그대에게 바른 길 보이시기 바랍니다.
주님이 그대 곁에 계셔서 그대를 팔로 껴안아 지키시기 바랍니다.
주님이 그대 뒤에 계셔서
그대를 못된 사람들의 흉계에서 보존하시기 바랍니다.
주님이 그대 아래에 계셔서 그대가 떨어지면 받아 주시고
그대를 덫에서 끄집어내시기 바랍니다.
주님이 그대 안에 계셔서
그대가 슬퍼할 때에 그대를 위로하시기 바랍니다.
주님이 그대 둘레에 계셔서
그대를 남들이 덮칠 때 막아 주시기 바랍니다.
주님이 그대 위에 계셔서 그대에게 복 주시기 바랍니다.
이처럼 은혜로우신 하나님이 그대에게 복 주시기 바랍니다.

목자의 심정으로 탈북민을 섬기시는 목사님의 마음이 담겨있어, 봉사자들과도 함께 나누며 선한 도전을 받았던 기억이 생생합니다. 하나원 봉사자는 대학부와 청년부에서도 모집하여 매번 함께 섬기는데, 젊은 청년들과 함께하는 하나원 사역의 큰 열매 중 하나는, 탈북민이나 통일에 대한 그들의 인식이 변화되는 것입니다. 처음에는 호기심, 설렘 등이 뒤섞인 채 사역을 시작했다면, 돌아오는 버스 안에서는 모두가 통일을 소망하는 열심 있는 동역자로 변모된 모습을 보여준답니다. 각자가 탈북민들과 교제를 나누고, 서로 공감함으로 이전에는 잘 몰랐던 서로가, 하나 되어 동역자가 되는 놀라운 변화를 매번 겪는다는 것은 꽤나 멋진 일입니다. 이렇게 인도하시는 하나님은 최고로 멋진 분이십니다.

하나님의 마음과 뜻이 있는 곳에 함께하는 하나님의 자녀는 하나님이 주시는 기쁨과 감사를 '맛보아' 알게 됩니다. 저도 우연히 인도받았던 이곳, 북사선에서 남북의 지체들이 주 안에서 하나 되게 하시는 하나님의 역사를 보게 하시니 감사합니다. 이 글을 보시는 분들 역시 복음 통일에 마음을 모아, 하나님이 예비하신 기쁨을 누리고 나누게 되기를 소망합니다.

(부산광역시)

얼마 전 추석을 맞아 어머니를 찾아뵀습니다. 1922년 5월생이신 어머니는 평소에 하지 않던 말씀을 하셨습니다.

"천국 가기 전 고향 황해도 은률 구월산 밑 과수원 집에 가고 싶다."

어머니의 말씀에 눈시울이 젖었습니다. 아버지는 2007년 9월 9일, 85세의 나이로 하나님의 부르심을 받으셨습니다. 어머니는 아들만 여섯을 낳으셨는데, 북에서 두 아들을 낳으셨고, 피난 이후로 아들 넷을 더 낳으셨습니다. 어머니는 아버지가 생전에 시무하시던 교회에서 예배를 드리다가, 수년 전부터 셋째 아들 집에 머물고 계십니다.

저는 실향민 2세입니다. 1948년 8월 15일, 일제 치하에서 해방의 기쁨도 잠시, 소련군은 김일성을 앞세워 공산당 정부를 수립했고, 이후 북한 땅에서 주일 예배는 어려워졌습니다. 아버지는 예배를 드리다 잡혀가시면서도 끝까지 신앙을 사수하셨습니다. 이후 1948년, 깊은 밤에 월남하시면서 하나님의 종이 되겠노라 서원했다고 하셨습니다. 무사히 남한 땅에 정착을 하는가 싶었지만, 전쟁이 일어나면서 부모님과 가족들을 잃을 뻔했습니다. 다행히도 미군이 마련한 피난선을 타고 온 가족과 상봉할 수 있었다고 합니다. 전쟁이 금방 끝날 거라 생각했던 어머니는 고향집 마당에 쌀독을 묻어 놓고 왔다고 여러 번 말씀하셨습니다. 이런 이야기들을 어릴 적부터 듣고 자란 제게 북사선을 향한 애착이 형성된 것은 자연스러운 일일 것입니다.

조모님으로부터 시작된 우리 가문의 신앙 사수는 일제강점기와 전쟁을 겪으며 참으로 많은 어려움을 겪었습니다. 하지만 이렇게 소중히 지켜 온 신앙을 다음 세대로 계승하는 것이 얼마나 어려운 일인지 요즈음 혹독하게 체험하는 중입니다. 시간이 갈수록 청년들이 믿음을 지키기 어렵다는데, 우리 북사선이 견고하게 버팀목이 되어 청년 세대들도 신앙을 굳건히 지켜내기를 기도합니다.

2020년 초, 북사선 식구 스물여섯 명이 미국으로 비전트립을 떠났습니다. 캘리포니아주와 애리조나주에 있는 남가주 사랑의교회, LA사랑의교회 그리고 애리조나 새생명교회를 방문하여 탈북 성도의 간증과 찬양, 말씀을 나누며 감동과 은혜를 나누었습니다. 그 시간은 지금도 잊히지 않고 가슴속에 깊이 남아있습니다. 남북이 고향이라는 것에 구애받지 않고 영가족이 되어 해외에 있는 교포들에게 복음적 평화통일에 대한 마음을 나누는 것은 영광스럽고 기쁜 일이었습니다. 사실 주님 안에서 맺어지는 영적인 가족은 혈육보다 더 끈끈합니다. 이념과 갈등으로 대립하는 우리를 하나로 묶어주며, 교회 안에 있는 하나의 부서의 차원을 넘어 엄연한 가족 공동체가 되게 하니까요. 이렇게 이루어진 우리 영가족 공동체는 마음껏 찬양하지 못하는 북한의 예비 영가족을 가슴으로 품으며, 그곳에도 수많은 교회가 재건되기를 소망합니다. 더불어 사분오열된 우리나라의 교회가 주님의 복음이라는 명료한 가치 아래 하나가 되기를 기도하며, 무엇보다도 평양에서 특별새벽기도회가 속히 열리기를 소망합니다. 할렐루야!

(황해도 은율)

중국에서 온 조카를 데리고 중국어 예배를 드리러 갔습니다. 조카는 중국어보다 한국말을 배우는 게 좋겠다며, 중국어 예배실 바로 옆에 있던 북사선 예배를 드리겠다고 했고, 저는 그렇게 선택의 여지없이 울며 겨자 먹기로 북사선에 첫 발을 내디뎠습니다. 아는 사람이 한 명도 없어 예배를 드리러 갈까 말까 하는 갈등을 매번 했지만, 목사님의 따뜻한 사랑과 교구장님, 순장님들의 섬김과 환대 덕분에 무사히 정착할 수 있었습니다.

초기에는 꿈과 비전이 없었기에 제 기도 제목에만 관심을 가졌고, 응답 받는 데만 급급했습니다. 그래서 다른 곳에서는 내놓을 수 없는 기도 제목들을 순장님과 순원들에게 털어놓으며 기도 요청을 했는데, 그때마다 순장님은 빼놓지 않고 기도해 주셨습니다. 그러던 중, 은혜에 빚진 자로서 어떻게 순장님을 기쁘게 할 수 있을까 고민하다 순장님이 제일 기뻐하는 제자훈련을 받아야겠다고 생각했습니다. 그런데 그렇게 시작한 제자훈련 첫 주가 지나자 가정에 어려움이 생기는 것이 아니겠습니까? 순장님에게 그만두겠다고 했더니 원래 제자훈련을 시작하면 사탄이 가만히 놔두지 않는다고, 강하고 담대하라고 위로해 주셨습니다. 더불어 함께 간절히 기도해 주셨지요. 그런 순장님의 말을 듣고 저는 마음의 평안을 찾았으며, 다시 용기를 가지게 되었습니다.

그렇게 제자훈련을 받으면서 살아계신 하나님을 인격적으로 만나게 되었고, 말씀과 기도, 예배의 중요성에 대해서도 깊이 알게 되었습니다. 나라와 민족, 북한과 열방을 위해 기도하는 법도 배웠고, 피 흘림 없는 복음적 평화통일을 이루기 위해서 우리가 먼저 준비해야 한다는 생각도 하게 되었습니다. 더불어 제자반 담당 교역자와 교제를 나누며 제 자신의 탈북 과정을 이야기할 때마다 하나님께서 나를 친히 택하셔서 이 땅에 보내셨다는 확신이 들었습니다. 그리고, 북한에서 태어났다는 이유만으로 하나님을 알지 못한 채 살아간다는 것이 얼마나 비참한지 다시 한번 깨닫게 되었습니다. 힘들었던 고난의 행군 시절, 많은 북한 사람들이 세계로 흩어졌는데, 이 모든 것이 하나님의 뜻 안에 있다고 생각하자 소름이 돋았습니다. 비슷한 경험을 가진 탈북민 지체들과 이야기를 나누다 보면 시간 가는 줄 몰라 막차를 놓친 적도 여러 번 있었는데, 그럴 때면 항상 북사선의 권사님 한 분이 차를 태워 주곤 하셨습니다.

제자훈련 마지막 단계였던 태국 선교여행이 떠오릅니다. 들뜬 마음으로 태국에 도착했는데, 막상 태국에 도착하자 얼마나 어지럽고 메스꺼웠는지 모릅니다. 처음에는 멀미가 있는 데다 소화가 잘 안돼서 그런가 보다 했는데, 점점 심해지면서 앞이 잘 안 보이는 것이 아니겠습니까? 나중에는 배낭도 맬 수 없을 정도로 힘이 빠져 단 한 걸음도 내디딜 수가 없었습니다. 이러다 큰 병원에 가야 하는 것은 아닐까 두려움이 몰려 왔습니다. 담당 전도사님과 제자훈련 일행들이 중보기도를 했고, 다른 지체들이 저의 배낭을 들고 부축해 주었습니다. 그때 맞았던 죽을 고비를, 저는 영원히 잊을 수 없습니다. 그들의 간절한 기도와 사랑으로 무사히 한국 땅을 다시 밟을 수 있었고, 이제는 순장이 되어 다른 이들을 섬기는 작은 목자가 되었습니다. 아, 그때 아팠던 것은 뇌종양 때문이었습니다. 그렇게 큰 병에도 무사히 귀국할 수 있었던 것은 누가 뭐래도 하나님의 은혜 덕분입니다.

코로나가 터지기 직전, 꿈에 그리던 미국 비전트립을 다녀왔습니다. 이를 통해 글로벌한 안목을 갖게 되었습니다. 하나님이 주신 사명 때문에, 북한에 아무 연고도 없는 교포들이 북한을 위해 기도하고, 헌금하는 모습을 보면서 통일에 대한 소망을 안고 돌아왔습니다. 북사선 믿음의 동역자들이 얼마나 소중한지, 이 자리에 함께한다는 것 그 자체만으로도 자랑스러웠습니다. 당장은 귀에 들리는 것이 없고, 눈에 보이는 것이 없으며, 손에 잡히는 실체가 없지만, 통일을 위해 하나님은 일하고 계시며, 하나님이 정하신 때에, 하나님의 계획에 따라 통일이 이루어지리라 믿고 순종하며 나아갑니다. 하나님께서는 북한 땅에도 임재하시고 다스리심을 알기에, 비록 조그맣지만 저의 힘을 보태 보려 합니다. 저를 북사선으로 보내주신 하나님의 계획이 북한에 닿아, 다시 한번 북한에 부흥의 불길이 일어나기를 소망합니다.

(중국 흑룡강성 오상시 만락향)

1998년 1월, 나고 자란 고향을 뒤로하고 엄마와 남동생, 그리고 8개월 된 아들을 업고 두만강을 건넜습니다. 그렇게 시작된 탈북 생활은 낯설고 고달팠습니다. 이주 아닌 이주, 난민 아닌 난민. 그런 삶을 처음 살아보게 된 저는 나라 잃은 백성이 상갓집 개만도 못하다는 옛말을 뼛속 깊이 느꼈습니다. 목숨이 붙어 있으니 어쩔 수 없이 살아야만 하는 삶은 죽기보다 더 싫었고 엄마와 동생, 어린 아들 모두를 지키기 위해 어쩔 수 없이 원하지 않은 결혼을 해야만 했습니다. 언어도 통하지 않은 사람과의 결혼은 예상대로 순탄치 않았으며 고달팠습니다. 엎친 데 덮친 격으로 남동생은 끝내 탈북한 다음 해, 중국 공안에 붙잡혀 북송되었고, 그때부터 엄마는 몸져눕게 되었습니다. 아픈 것도 아픈 것이지만, 무엇보다도 언제 공안이 들이닥칠지 모르는 상황이라는 공포와 절망에 빠져 힘든 도망자 신세로 다시 살게 되었습니다.

그렇지 않아도 충분히 몸을 낮추고 피해 다니는 신세였는데, 이제는 더 쫓겨 다녀야만 하는 지친 상황에 삶을 포기하고 싶다는 생각도 여러 번 했습니다. 다 같이 죽을까 하는 생각도 한두 번 한 것이 아닙니다. 그러다 우리에게 가장 안전한 길은 산에 들어가는 것이라는 결론을 내렸고, 산으로 피신하여 5년이라는 세월을 보냈습니다. 엄마는 매일 새벽기도를 드렸고, 그런 엄마를 보는 저는 황당했습니다.

"하나님, 불쌍한 저희들을 붙잡혀가지 않게 지켜 주시고 보살펴 주시고 살려주십시오."

엄마의 기도에 저는 "엄마 미쳤어? 이 상황에 하나님이 왜 나오는데?"라고 몰아붙였습니다. 혹시나 붙잡힐 경우, 하나님을 믿는 것이 발각되면 더 크게 처벌받을 것이 두려웠고, 그래서 하나님을 찾지 말라고 엄마에게 수차례 신신당부했지만, 엄마는 매일매일 기도하셨습니다. 그러나 제 동생은 엄마의 간절한 바람에도 끝내 돌아오지 못했습니다. 엄마는 돌아오지 못하는 아들을 애타게 그리워하다 돌아가셨지요. 돌아가시기 전에 저의 손을 꼭 붙들고,

"내가 죽으면 너 혼자 감당하기 힘든 시간들이 많을 텐데, 외롭고 지

칠 때마다 꼭 하나님을 의지해!"라는 유언을 남기고 돌아가셨습니다.

엄마마저 돌아가시고 나니 살아 있다는 자체가 고통이었고, 외로움이 성큼 다가왔습니다. 희망이 보이지 않는 삶은 마냥 두려웠고, 절망만이 저를 뒤덮었습니다. 엄마를 따라 죽고 싶을 정도로 세상이 두려웠고, 실제로 삶에 대한 어떤 보장도 없었습니다. 지긋지긋하던 도피 생활로 숨도 제대로 쉬지 못하고 살던 저에게 한 줄기 빛과도 같은 소식이 왔습니다. 그것은 바로 대한민국 땅을 밟을 수 있다는 것이었습니다. 마침내 2009년, 조카의 도움으로 대한민국으로 올 수 있었고, 이제는 살아남았다는 안도감이 다가왔습니다. 자유롭게 살 수 있는 이 나라가 저에게는 너무도 고맙고 감사했습니다. 이제는 붙잡혀 북송될 두려움을 떨쳐버리고, 인간답게 살 수 있는 인생의 새로운 페이지가 시작된 것입니다.

그러나 대한민국 사회에서 살아남기 위해서는 꾸준한 노력과 자기계발이 필요했고, 많이 배워야 했습니다. 더구나 가정을 책임져야 한다는 무거운 짐이 어깨를 짓누르고 있었고, 때문에 돈을 버는 것이 제일 중요했습니다. 사는 것이 바빠 엄마의 유언도 지키지 못했으며, 사실상 지킬 여유조차 저에게는 주어지지 않았습니다. 밤낮없이 일을 해야만 하는 상황이었기에, 일요일 하루 쉬는 것도 불가능했습니다. 그렇게 돈을 좇아서 살던 제게 결국 건강 문제가 찾아왔고, 어쩔 수 없이 쉬어야만 했습니다. 그러던 어느 날, 조카에게서 전화가 걸려왔습니다.

"고모, 현금 30만 원을 주는 모임이 2박 3일 동안 있는데, 힐링도 할 겸 가보세요."

어떤 모임인지 궁금하기도 했지만, 돈도 궁했던 시기라 잘 됐다 싶었습니다. 어떤 곳인지 알지도 못한 채 그곳으로 가보니, 교회에서 조직한 '힐링 K'라는 모임이었습니다.

마음에 여유가 전혀 없었기에, 제게 모임은 힘들었습니다. 하나님을 믿고 안 믿고를 떠나 목사님들의 설교를 듣는 자체가 불편했고, 탈북민 선배들의 간증을 듣는 것은 제게 겨우 아물어가는 아픈 상처를 다시 헤집어 피가 터지게 하는 느낌이었습니다. 그 고통을 견디며 자리를 지키는 것이 고문처럼 느껴졌습니다. 자리를 박차고 나가고 싶었습니다. 탈북 과정에서 힘들었던 그때의 기억이 여전히 생생히 남아있어 잊고 싶지만 도무지 잊히지 않았기 때문입니다. 나라 없는 설움에 죽지 못해 살아왔던 그때를 생각하면 지금도 심장이 떨리고, 때로는 악몽에 깜짝 놀라 잠에서 깰 정도입니다. 언제쯤 이 아픔을 끝낼 수 있을지 가늠조차 되지 않는다는 사실이 더 깊은 상처가 되던 때였습니다. 다른 사람들은 그 아픔을 빨리 잊고 새로운 인생을 살라고 말하지만 어디 그게 마음대로 되나요? 게다가 저희들에게는 상처를 빨리 극복하라고 하면서, 자기들이 받은 상처는 트라우마로 남는다고 하는 이중적인 태도가 도무지 용납되지 않았습니다. 힐링이 목적인 모임이라면 탈북 선배들이 힘든 시기를 이겨내고 성공적으로 정착한 사례를 공유해 주었더라면 좋았을 텐데, 좋은 마음과 도움의 손길이 제대로 전달되지 못한 것 같아 아쉬웠습니다. 다행히도 힐링 K에서 짝꿍이었던 집사님 한 분은 교회에 대한 편견으로 마음을 잡지 못하던 제게 하나님을 알려주거나 무언가 받아들이게 하려는 시도를 하지 않고 그저 자유롭게 두셨습니다. 오히려 저는 이 분을 통해 교회에 대한 호기심이 발동했고, 끝나는 날을 기다렸습니다. 헤어지기 전 집사님은 제게 사랑의교회 북사선으로 초대하시며 교회 위치와 전화번호를 알려주셨습니다. 자유를 갈망하던 저로서는 교회 행을 쉽게 결심하기 힘들었고, 힐링 K에서의 힘든 시간들이 잔상으로 남아 교회를 향한 첫걸음을 떼는 데 많은 시간이 걸렸습니다.

북사선을 찾아가 보니 저를 교회로 초대해 주신 집사님이 반갑게 맞아 주셨고, 힐링 K에서 보았던 분들의 얼굴이 보였습니다. 모두 반갑게 인사를 나누고 새가족모임에 참석하며 정식으로 교회에 다니게 되었습니다. 힐링 K에서 저를 자유롭게 두셨던 집사님은 따뜻하고 친언니같이 저를 섬겨 주셨고, 미처 알지 못했던 친근하고 다정한 모습을 보여주셨습니다.

몇 주 동안 새가족모임에서 많은 분들을 만났고, 하나님에 대해 알고 싶은 마음이 생겨, 주일이면 교회 가는 것이 즐거웠습니다. 새가족모임이 끝나고 다락방을 소개 받았는데, 동향 출신인 순장님 다락방이었습니다. 교회에 대해 궁금한 것이 많았고 북한 사람들은 어떻게 하나님을 믿는지도 알고 싶었습니다. 무엇보다 북한에서 당의 유일사상을 뼈에 사무치게 배운 순장님이 어떻게 하나님을 믿고 있는지, 믿게 된 계기와 신앙이 자라나게 된 환경을 알고 싶었습니다. 동시에 언제쯤 마음이 변하는지도 알고 싶었습니다. 사람의 사상은 잘 바뀌지 않는데, 바뀌었다는 것이 참 신기했습니다. 교회에 다니면서 처음에는 목사님들의 설교가 이해되지 않았고, 왜 찬송가를 여러 번 부르는지도 이해하기 힘들었습니다. 매 주일이면 교회를 가지만, 머릿속엔 항상 풀리지 않는 의문점이 가득했고, 남들과 달리 선뜻 받아들여지지 않는 제게 짜증이 났습니다. 순장님에게 터무니없는 질문도 해보고, 해석이 잘되지 않는다며 따지기도 했습니다. 북한에서의 30년, 그 긴 시간 세뇌 당해 살아온 제가 마음을 여는 것은 매우 힘들었지만, 마음 한편에는 교회에 나오는 것만으로도 대견하다는 생각도 들었습니다. 언젠가는 저도 마음의 문을 열 거라 기대하며 열심히 교회에 다녔고, 어느덧 시간이 흘러 1년이 지나 세례를 받게 되었습니다.

사실은 세례가 두려웠는데, 세례를 받으면 영원히 벗어날 수 없는 족쇄에 묶일 것만 같은 공포와 두려움이 마음에 가득했기 때문입니다. 게다가 매 주일 예배에 무조건 참가해야 된다는 책임감에 어깨가 무거웠습니다. 저는 대책 없이 무작정 도망쳤습니다. 책임감 없는 제 행동이 못마땅하기도 했지만, 다시는 북한 공산당원, 그 비슷한 어떤 올가미에도 매이고 싶지 않았기 때문에 당시의 제게는 선택의 여지가 없었습니다. 이런 저를 순장님은 다독여주고, 보듬어주며, 공감해 주었고, 제가 두려움에서 벗어날 수 있도록 도와주었습니다. 아무 조건 없이 저를 이해해 주신 순장님이 있었기에 포기하지 않고 믿음을 공표하는 세례를 받을 수 있었습니다. 초반에는 북사선에서만 하는 구두 인사가 참 부담스러웠지만, 익숙해지니 그 시간 역시 즐거운 시간이 되었습니다.

제게는 두 명의 자녀가 있고, 모두 한국어를 잘 못했습니다. 큰아이는 북한에서 태어났지만 중국에서 살아온 세월이 길다 보니 중국인처럼 한국어에 낯설었고, 중국에서 출생한 작은아이 역시 한국어를 못했습니다. 큰아이는 열여덟 살 되던 해에, 목숨을 걸고 엄마가 걸어온 그 길을 걸어야만 했고 힘겹게 한국에 정착하여 학교를 졸업은 했지만, 언어가 안되어 대학 진학을 포기하고 생활전선에 나서게 되었습니다. 한국어를 잘 못해도 적응하려고 애 쓰는 아이를 보면 안쓰럽고 마음이 무거웠지만, 살아남기 위해서 열심히 사는 방법을 알려주었습니다. 하지만 미처 아이의 심리 상태까지는 신경 쓰지 못했습니다. 지난 1월, 저장되지 않은 번호의 전화가 오길래 받지 않으려다 받았는데, 담당 수사관이라면서 큰아들을 바꾸어 주는 게 아니겠습니까? 큰아들은,

"엄마, 변호사를 찾아주세요. 그리고 속상해하지 마세요."

라고 말했습니다. 심장이 덜컥 내려앉는 심정이었습니다. 무슨 일인지 알아볼 새도 없이 변호사를 찾아야만 했습니다. 아는 사람도 별로 없던

저는 곧장 순장님에게 전화하여 변호사를 소개해달라고 했고, 소개받은 변호사에게 아이에게 가달라고 했습니다. 아이들에게 '늘 법을 어기는 짓은 하지 말고 살자, 정직하고 열심히 살아가는 게 우리 방식이다'라고 입버릇처럼 말했지만 이렇게 되니 마음이 무너졌습니다. 아이가 마음에 품고 있을 상처를 알지 못한 것이 제 책임 같았고, 아이가 자라온 환경 탓인 것 같아서 하루하루 지탱하는 것이 힘들었습니다. 아무것도 할 수 없는 상황이 닥치자 지푸라기라도 잡고 싶었습니다. 1심이 끝나고 저는 온몸이 분노로 타오르는 듯한 기분이었습니다. 따지고 욕하고 분풀이하고 싶은 마음에 교회로 향했지만, 난동 부린다고 해결될 일도 아니기에 스스로 진정하려 애를 썼습니다. 마음을 추슬러 보려 해도 도무지 마음대로 안 되었습니다. 여러 교인 분들께서 제 상황을 알게 되었고, 순장님은 자기 일처럼 여기며 저와 함께 울어주었습니다. 항상 어렵고 멀게만 느껴졌던 목사님을 찾아가 상황을 털어놓았습니다. 목사님은 자기 일처럼 여기며 들어 주셨고, 새로운 변호사를 소개해 주었습니다. 목사님과 반석학교 교감선생님과 함께 변호사 사무실에서 상담을 받았고, 그제서야 저는 안도의 한숨을 내쉴 수 있었습니다. 그렇지 않아도 충분히 바쁘실 텐데, 제 일을 가족의 일로 여겨 수고해주시는 모습에 마음이 뭉클했고, 그 마음이 전달되어 가슴이 뜨거워졌습니다.

다행히 새 변호사는 최고의 변호로 아이를 대리해 주셨고, 항소를 해 주셨습니다. 재판이 끝날 때까지 목사님은 물론, 교구장님, 다른 권사님들도 함께 자리를 지켜주셨습니다. 바쁘고 아픈 각자의 사정이 있음에도 자신의 일처럼 여기고 함께 울며 힘과 용기를 주신 분들 덕분에 굳게 닫혔던 제 마음의 문이 활짝 열리게 되었습니다. 순장님은 직장 일을 쉬면서까지 시간을 내주셨습니다. 얼마나 고맙고 죄송한지 몸 둘 바를 몰랐습니다. 하나님의 자녀들에 대해 가졌던 오해와 편견이 눈 녹듯이 사라졌습니다. 끝까지 손잡아 주신 목사님과 성도님들께 감사의 마음을 꼭 전하고 싶습니다. 진심을 담아 탄원서를 써 주신 분들께도요. 아직 법적인 과정이 남아있지만, 제가 받은 사랑은 이미 충분하며 과분합니다. 사랑받는 자리에서 사랑을 누리고 있지만, 하나님의 자녀로서 또 다른 분들에게 감사와 사랑을 전하며 살고 싶습니다. 아이들과 제가 진정한 하나님의 자녀가 되어 받은 은혜를 전달하는 날이 속히 오기를 소망합니다.

(함경북도 청진시)

저는 고향 북한에서 남한으로 이사 왔습니다. 남한으로 이사 온 후, 지난 16년 동안 사랑의교회 북사선에서 온전한 제자로 서기 위해 열심히 하나님과 동행하는 삶을 살고 있습니다. 그러나 여전히 예수님을 만나기 전 삶은 기억하는 것조차 힘겹습니다. 부모에게 버림받아 계모의 손에서 자란 20년은 어둡고 캄캄하며 무서움으로 가득했습니다. 그러다 스무 살

되던 해, 결혼해서 새로운 가정을 꾸리게 되었습니다. 세 자녀의 엄마로 저의 신분은 바뀌게 되었습니다. 그러나 곧 나라에 닥친 경제 위기로, 온 국민은 굶주림에 시달렸고, 배급품은 끊기기 시작했습니다. 각자도생의 시기가 닥쳤고, 국민은 산산이 흩어졌습니다. 살 길을 찾기 위해 헤매다 죽어간 사람도 부지기수였습니다. 이러한 이유로 가정이 깨어지고, 가족들이 뿔뿔이 흩어지는 일들도 비일비재했습니다. 저희 가정이라고 달랐겠습니까? 딸이 행방불명되어 10여 년의 세월이 흘렀고, 애타게 소식을 기다리던 중 딸의 소식을 듣게 되었습니다.

브로커를 통해 딸 소식을 듣고, 앞뒤 생각할 여유도 없이 딸을 찾기 위해 무작정 집을 떠나게 되었습니다. 정신 차려 보니 중국으로 가는 강을 건넜더군요. 잃었던 딸을 찾으려면 가야겠고, 막상 가려니 못 돌아오는 게 아닌가 하는 생각이 들었습니다. 그러나 잠시도 지체할 수 없는 위급한 상황에 홀린 듯 겨울 길을 가다 보니 이미 중국 땅이었습니다. 연변에 있는 줄 알았던 딸을 연길 시내로 들어가야 만날 수 있다는 말에, 돈은 돌려주지 않아도 좋으니 다시 데려다 달라고 울며 떼를 써봤지만, 이미 늦었다고 했습니다. 그나마 다행인 것은 연길에서 딸을 만난 것입니다. 딸은 브로커에게 이미 돈을 주었으니 브로커가 시키는 대로 하라고 했습니다. 저는 무서웠습니다. 미국 놈들이 가득한데 어떻게 사나 싶었지요. 그런데 딸이 그럽니다. 다 거짓말이라고. 모든 것이 좋고 행복하다고.

딸과 함께 중국에서 내몽골을 거쳐 울란바토르 시내에 있는 체육관에 도착했습니다. 그곳에서 두 달, 별장에서 한 달을 보내고, 2006년 3월 3일, 마침내 대한민국 땅을 밟게 되었습니다. 국정원에서 한 달간 조사를 받았고, 하나원에 머문 3개월 동안에도 아픔이 있었습니다. 국정원에서 조사받는 동안 '교회'라는 말을 몇 번 들었습니다. 그리고 하나원에서도 교회에 오라는 권고를 수차례 들었습니다. 딸과 의논해 보았더니 자기를 따라 엄마도 함께 교회에 다니자고 해 하나원 안에 있는 하나교회에 두 달간 다니게 되었습니다. 하나원을 퇴소하던 때에 하나교회 담임목사님은 나가서도 교회에 다니겠냐고 물으시며 사랑의교회를 소개해 주었습니다.

같은 해 7월 26일, 하나원을 퇴소해 집을 정리하고는 딸과 함께 8월부터 사랑의교회에 다니기 시작했습니다. 처음 방문했을 때 예배당이 매우 신기했습니다. 마치 그 장소가 사람을 부르는 것처럼 이른 시간부터 사람들이 달려오는 모습에 도대체 무엇 때문일까 하는 궁금증이 생겼고, 그렇게 교회를 다니기 시작하면서 일요일이 기다려졌습니다. 허전한 마음과 아들 생각에 두렵던 마음도 달래졌고, 낯선 환경에서 오는 우울증도 진정되었습니다. 그러나 혼이 나간 사람처럼 멍하니 앉아있을 뿐 말씀은 도무지 머리에 들어오지 않았고, 그저 울기만 하다가 온 것 같습니다. 그렇게 교회에서의 시간이 한 달, 두 달, 일 년, 이 년 쌓여갔습니다. 많은 사람과 부딪히며 상처를 받기도 하고 치유도 받았습니다. 함께 사랑하고 섬기며 믿음도 성장하게 되었고, 만남의 축복도 많이 받았습니다.

　처음으로 만난 북사선 집사님들은 열악한 환경 속에 있는 한 사람, 한 사람을 위해 밤낮으로 관심을 가져주었고, 저희에게 불편한 것이 있을까 사소한 일에도 달려와 주었습니다. 마치 집 나갔다 들어온 자식처럼 아껴주고 살펴 주셔서 함께 울고 웃었으며, 그분들을 통해 하나님의 사랑을 듬뿍 경험할 수 있었습니다. 그렇게 십여 년의 시간이 흘러 2016년, 하나님의 인도하심을 다 이해하지는 못했지만, 봄과 가을 특새, 중보기도학교 27기, 성경대학, 봉사활동, 강남 땅밟기, 바자회, 사랑 나눔 등에 참여하며 눈물 콧물 흘리는 시간을 보냈습니다. 하나님 앞에 인정받는 듯한 삶을 사는 것과 북에서 이루지 못한 꿈을 이루는 삶을 사는 것이 너무 감사했습니다. 여전히 믿음은 부족하지만, 하나님은 저를 제자훈련, 사역훈련 등으로 인도하셨고, 어느덧 17년의 시간이 쌓였습니다. 북사선을 떠나는 사람들도 있어 마음이 아프기도 했고, 도무지 이해가 안 될 때도 있었습니다. 그러나 생각해 보면 문화의 차이에서 비롯되는 간극이 끝까지 해결되지 않았거나, 신앙생활의 방향이 달라서 그랬던 것 같습니다. 어쨌든 참 안타까운 일이었습니다.

　물론 신앙생활을 열심히 한다고 항상 좋은 일만 있었던 것은 아니었습니다. 특히 사역훈련 때는 이석증으로 119에 실려 가는 일도 있었고, 안면마비가 온 적도 있습니다. 그러나 결국은 이 모든 아픔을 하나님은 치유해 주셨습니다. 그리고 쉬지 않고 밤낮 일을 하면서 하나님께 투정했던 적이 있었는데, 어디 멀리 가서 한 달만 쉬게 해달라고 얼마나 울었는지 모릅니다. 그리고 얼마 지나지 않아 사고를 당하게 되었고, 갈비뼈가 두 개 끊어지고 금이 가는 바람에 두 달이나 쉬게 되었습니다. 그때 기도도 함부로 하는 것이 아니라는 것을 깨달았습니다.

믿음 안에서 성장하는 데 많은 시련과 고통이 있었습니다. 제 연약함과 무능함을 직면하며 끝없이 무너질 때도 있었지만, 이런 저를 하나님께서는 포기하지 않으시고 사랑으로 이끄시고, 하나님이 쓰시는 한 사람으로 인도해 주셨습니다.

북사선에서 한 가족이 되어 명절마다, 김장철마다 함께하고, 탈북민들이 대학 진학을 위해 다니는 반석학교를 섬겨 주시는 그 사랑을 남북이 하나 되는 그날까지 유지하면 좋겠습니다. 마침 통일이 되는 그날, 함께 즐거움을 나누며 행복을 나눌 수 있기를 기도합니다. 제 이야기는 아직 끝나지 않았습니다. 이제 시작입니다.

(함경북도 회령시)

1997년까지 함경북도 온성에 살았던 저는, 먼저 탈북한 남편을 따라 고향을 떠나 세 아들과 함께 가까운 중국 연길로 탈북했습니다. 같은 사회주의 국가였던 이웃나라 중국이 개혁 개방을 단행한 이후 어떻게 사는지 궁금해진 남편은 청진 출장을 다녀오겠다고 하고 방문한 중국에서 보름 넘게 체류하다 돌아왔습니다. 군 복무 경험이 있었기에 남편은 경비대 교대 시간을 이용해 무사히 돌아올 수 있었지만, 사전 계획이 치밀하지 못했고, 보름 넘는 기간 동안 직장에 출근을 하지 못해 의심을 받게 되었습니다. 보위부에서는 동네에 남편을 감시할 사람을 붙여 뒀고, 끝내 밀고가 들어가 남편은 보위부에 체포되고 말았습니다. 체포된 남편은 매를 맞아 갈비뼈가 부러졌고, 엄청난 고생을 했습니다. 중국에서 누구를 만나고, 어떤 임무를 받았는지 등등에 대해 조사받았다고 했습니다.

　저는 남편을 빼내기 위해 열두 살 큰아들을 데리고 뛰어다니며 돈을 마련했고, 보위부에 돈을 찔러 넣은 후에야 남편은 풀려날 수 있었습니다. 보위부 지도원은 모든 법정 처벌을 받은 것으로 서류를 작성했으니 별일이 없을 것이라고 했지만, 안전부에서는 자기네를 무시한다고 생각하고 남편에게 무단결근이라는 죄명을 씌워 다시 조사를 시작했습니다. 보위부에서 붙들렸던 기억 때문에 안전부의 위협에 잔뜩 겁먹은 남편은 집을 떠나 중국으로 갔습니다. 그렇게 10개월이 지난 후에야 남겨진 우리를 데리러 회령으로 돌아왔습니다.

그렇게 우리 다섯 식구가 함께 중국으로 갔지만, 그곳에서의 삶은 녹록지 않았습니다. 공안은 매일 마을에 들이닥쳐 북한 사람들을 북송시켰고, 아이 셋 있는 가정이 없었던 중국에서 우리는 한창 뛰놀고 성장하여야 할 아이들을 숨도 크게 못 쉬게 하며 살아야 했습니다.

그때쯤, 물에 빠진 사람이 지푸라기라도 잡는 심정으로 남편을 따라 교회에 나가기 시작했습니다. 남편은 10개월 먼저 중국에 사는 동안, 동네 권사님 소개로 먼저 교회에 다니고 있던 중이었습니다. 남편을 따라 처음으로 연길교회 수요예배에 참석했는데, 안내 봉사하는 분들이 모두 흰 가운을 입고 있어 소름 끼치게 놀랐던 기억이 있습니다. 무당들이 사는 점집은 아닌가 싶었거든요. 하지만 다른 선택의 여지가 없었기 때문에 계속 다녔습니다. 그때의 상황이 하나님께 매달리는 것 외에는 다른 방법이 없었기 때문입니다.

당시 중국 공안들은 주일에 교회까지 찾아와 북한 사람들을 체포해갔습니다. 교회조차 마음 놓고 다닐 수 없게 된 것입니다. 세 명의 아이 중 큰딸이 먼저 하나님을 믿었고 가정예배를 인도했습니다. 아침에 일어나면 가족이 둘러앉아 기도하고, 성경 통독을 했습니다. 몇 년 후에는 중국 인신매매 브로커들에게 팔려 중국으로 들어온 조카 둘까지, 모두 합쳐 일곱 명 대가족을 이루게 되었습니다. 가족 규모가 커지다 보니 하루도 편한 날 없이 더욱 불안에 떠는 날들의 연속이었고, 그럴수록 하나님께 모든 것을 맡기고 더욱 기도하며 견디는 수밖에 없었습니다. 그렇게 우리 가족은 중국에서 7년의 세월을 보냈습니다.

그러다 2005년 3월, 드디어 중국을 떠나 한국행 길에 오르게 되었습니다. 처음에는 하나원 내의 하나교회에서 주일예배를 드렸습니다. 같은 해 8월 중순, 하나원을 퇴소할 때 하나원 목사님은 사랑의교회 목사님 전화번호를 주시며 이 교회에서 예배드리라고 하셨습니다. 초행길이라 택시를 타고 찾은 사랑의교회에서 예배를 드린 후, 소개해 주신 목사님을 만났습니다. 지금의 북사선은 당시엔 이웃사랑선교부였습니다. 이웃사랑선교부 사무실에서 몇 분의 집사님들을 만났고, 그 집사님들의 도움으로 사랑의교회에 등록하게 되었습니다. 이듬해 11월, 북사선 창립 1주년 예배를 드렸고, 북사선 공동체는 조금씩 자리를 잡아가기 시작했습니다.

당시에는 탈북민들끼리만 다락방 교제를 나누었는데, 교제를 나누기보다는 교육을 받는 비중이 더 컸습니다. 북한에서 생활총화와 학습강연회로 지겹도록 교육받았던 저로서는 다락방 시간이 너무 싫었습니다. 어느 날 한 순원이 책상을 내리치며 소리를 질러 댔습니다. 머리가 아프고 짜증이 나서 못 하겠다는 것이었습니다. 당황하여 어쩔 줄 몰라 하던 순장님의 모습은 지금도 생생합니다. 이후 우리는 몇 명씩 나뉘어 기존의 다른 다락방에 편입되었습니다. 하지만 다락방 시간은 여전히 힘든 시간이었습니다. 절박한 상황에 다른 방법이 없어 하나님께 매달리긴 했지만, 그때는 "하나님이 진짜 살아 계신가" 하는 의문이 가득했습니다. 다락방 교제 시간 중 다른 사람들은 성령님이 들려주시고 보여주신다는데, 도대체 무슨 소린지 이해가 안 되기도 했습니다. 게다가 성경에 대해 아는 것이 없으니 대화에 낄 수가 없어 소외감도 느꼈습니다. 하루는 예배를 마치고 집으로 돌아오는 차 안에서 펑펑 울기도 했습니다. 아마도 자존심이 상했던 모양입니다. 북한에서 받았던 주체 교육, 김일성과 김정일을 우상으로 섬기게 하던 그 교육의 대상만 달라졌다는 생각이 자꾸 들어 허무감이 밀려왔습니다.

다음날 순장님께 전화를 걸어 울면서 따져 물었습니다. 도대체 성령님은 어디에 계신지, 왜 아무것도 안 보여 주시는지 말입니다. 막무가내로 따지는 제 전화에 순장님도 우셨습니다. 지금 돌이켜보면 얼마나 어리석은 행동이었는지 모르겠습니다. 이후로 10개월간 교회로 가는 발걸음을 끊었습니다. 그러나 순장님은 매주 집으로 과일이나 빵을 사서 방문하셨고, 별다른 말을 하지 않고 식탁에 앉았다 가시곤 했습니다. 순장님은 직장으로도 찾아오셨습니다. 직장 동료들 모두 다 순장님을 알 정도였으니, 순장님의 열정은 말 다했지요. 하루는 북사선 담당 목사님을 모시고 여러 순장님들과 함께 집을 방문하셨습니다. 함께 모여 예배드리던 그 자리에서, 더 이상 순장님을 힘들게 하면 안 되겠다는 생각이 들었고, 지금까지 저는 사랑의교회 성도로 남아 있습니다. 이제는 순장이 되어 나의 소중한 시간을 내어 누군가를 찾아간다는 것이 얼마나 힘든 일인지 깨닫게 됩니다. 끝까지 저를 사랑으로 섬겨주었던 순장님의 마음이 어땠을지 이제는 이해하게 되었습니다.

북사선 공동체가 성장하는 데는 많은 시행착오도 있었습니다. 저처럼 잘 정착한 탈북민도 있지만, 그렇지 못한 사람들도 많았습니다. 시간이 지나면서 (나중에 반석학교로 이름이 변경된) 느헤미야 대안학교가 생겼고, 청년부와 장년부도 점점 부흥하기 시작했습니다. 우리 북사선을 섬기던 목사님과 전도사님이 교회를 개척할 때마다 적지 않은 북사선 공동체 식구들이 나가기도 했는데, 사실 그때는 참 야속한 마음이 들었습니다. 목회자들이 개척하는 것은 당연하다지만, 마음이 얼마나 서운했는지 마지막 인사도 하지 못했습니다. 하지만 이런 모든 일들 가운데 여전히 지금의 북사선으로 이끌어 주신 하나님께 감사드립니다.

북한 사역을 담당한다는 것은 영적으로도 무거운 짐을 지는 것과 같다고 생각합니다. 그런 목사님이 처음에는 매우 어려웠지만, 그분의 진심을 알아갈수록 마음 문이 열리기 시작했습니다. 어디를 가더라도 우리 식구들을 생각하곤 무엇이든 챙겨 주시는 목사님을 보면, 예전에 북에서 할머니가 옆 동네 환갑잔치에 가셨던 때가 떠오릅니다. 할머니는 꼭 손수건에 떡이랑 과자를 싸 오셔서 손주들을 먹이셨고, 그런 할머니를 길에서 얼마나 오매불망 기다렸던지요. 특히 지난 추석 행사는 절대 못 잊을 추억으로 남을 것입니다. 명절마다 갈 곳 없는 우리 탈북민들을 위해 행사가 열렸지만, 목사님이 이렇게 직접 관여하신 것은 처음이었습니다. 두루마기에 갓까지 갖춰 입으시고는 우리가 외로워하지는 않을까 애쓰시는 모습에 큰 감동을 받았습니다.

북한 땅에서 고난 가운데 탈출하게 하셔서, 예수님을 믿게 하시고, 나아가 천국 소망을 갖게 하신 하나님께 감사드립니다. 애초에 그 고난이 없었더라면 하나님을 모른 채 우상숭배만 하다가 죽었을 거라 생각하니, 모든 것이 너무 감사해서 입에서 찬양이 끊이질 않습니다. 다락방 순원들이 성숙해가는 모습을 보면서 참 기쁩니다. 모든 것이 하나님의 은혜입니다. 이런 은혜가 이 땅에 임해 북녘땅에서도 자유롭게 하나님을 예배하는 교회가 세워질 것을 믿습니다. 그리고 하나님께서 사랑의교회 역사상 처음으로 북이 고향인 사람이 받는 영광스럽고 과분한 권사 직분을 받게 하셨습니다. 이런 은혜를 주신 주님께 감사하는 마음으로 나 자신을 버리고 십자가를 지며, 겸손과 사랑으로 영혼을 섬기는 삶을 살겠습니다.

(함경북도 온성군)

하나원

하나원은 북한 이탈주민들의 사회 정착을 지원하는 통일부 소속 기관이다. 정식 명칭은 '북한이탈주민 정착지원사무소'이며, 북한이탈주민들의 사회 정착 지원을 위해 1999년 7월 8일 경기도 안성에서 개원했다. 부지 6만 7138m^2에 본관·교육관·생활관 등 3개 동으로 구분되어 있고, 생활관·교육관·종교실·체력단련실·도서실 등의 편의시설을 갖추고 있다. 2006년 3월 경기도 시흥에 분원이 개원되었고, 2008년 12월 시흥의 분원이 양주로 이전되면서 증축되었다. 그리고 2012년 12월, 부지 7만 7402m^2에 교육관·생활관 2개 동으로 강원도 화천군에 제2 하나원이 개원되었다.

필요한 여러 조사를 끝낸 탈북주민들을 대상으로 한국 사회에 조기 적응할 수 있도록 12주 동안 총 392시간의 기본 교육과 4주간 80시간의 지역적응교육으로 이뤄지는 사회 적응교육을 실시한다. 이 기간 동안 문화적 이질감 해소, 기초직업교육 및 훈련, 심리 안정과 정서순화 교육, 역사교육, 지역사회 이해, 건강증진, 취업, 경제교육 등이 이루어진다.

하나원 교육을 마친 탈북자는 호적을 취득하게 되고 정부 규정에 따라 일정 금액의 정착금과 자격 유무에 따라 취업 기회를 제공받으며, 해당 거주지에서 경찰로부터 신변보호를 받는다. 그러나 북한의 노동당, 내각, 군, 사회안전성 및 국가 안전보위부 출신, 북한 최고권력자의 배우자 또는 친인척, 첨단과학 특수분야 종사자 등 특별 관리 대상자는 국가정보원장이 보호 여부를 결정하고, 별도의 정착 지원 시설(안전가옥)에서 보호를 받게 된다.

* 자료 및 사진 출처 : [네이버 지식백과] 하나원 (시사상식사전, pmg 지식엔진연구소)

Episode 2

권사님처럼, 살 거예요!

Episode 2

권사님처럼, 살 거예요!

　북사선 초창기 즈음의 이야기입니다. 여군으로 6년간의 군 복무를 마치고, 돈을 벌기 위해 갔던 중국에서 여자로서 가장 고통스러운 일을 당하는 등 갖은 어려움을 겪은 후에 한국으로 온 자매가 있었습니다. 하나원에 와서야 자신이 임신한 사실을 알게 되었는데, 다혈질인 그녀는 임신 사실로 인해 쌓였던 감정이 폭발 직전의 상태에서 우리 북사선에 나오기 시작했습니다. 아이를 낳을 수 있도록 감싸주고 위로해 주며 용기를 북돋아주었습니다. 8개월째, 임신 중독으로 인한 고열로 병원을 이곳저곳으로 급하게 옮기다 제왕절개로 아이를 낳았는데, 회복하던 중 경련을 일으키며 온몸을 떨면서 실신하고 말았습니다. 아이는 감염된 채 태어났고, 엄마를 만날 수 없어서인지 중환자실로 옮긴 지 열흘 만에 죽었습니다. 그리고 이 자매 역시 중환자실에서 실신한 지 20일 만에 깨어났지만 사람을 잘 알아보지 못했습니다. 시간이 지나고 정신이 들자 아이를 내놓으라며 정상도 아닌 몸으로 화를 내며 소동을 부리고 병원을 뒤집어 놓

앉는데, 아마 한국을 잘 모르다 보니 북한이나 중국처럼 병원에서 아이를 어디로 빼돌렸다고 생각한 모양이었습니다. 이 일로 인해 그녀는 정신과 약을 4년 동안이나 먹어야 했답니다. 참 안타까웠습니다. 저는 그녀를 직접 간병했고, 다른 분과 교대해가며 옆을 지켜 주었습니다. 자매는 서서히 자신이 살아온 이야기를 하기 시작했고, 저는 따스함을 느끼도록 계속 관심을 가져주었습니다. 교회에서는 함께 중보기도를 하며 모든 치료비를 다 댔고, 자매가 다시 교회로 나와 잘 정착할 수 있도록 도왔습니다.

그녀는 교회에 잘 정착하며 적응하는 듯 보였습니다. 그러던 어느 날, 교회에서 자매가 겪었던 어려운 시절과 현재의 감사를 나누어 달라고 부탁했는데, 거기서 시험을 받아 교회를 떠나고 말았습니다. 내가 언제 돈 달라고 했냐면서요. 자매의 감추고 싶은 비밀과 자존심을 건드린 결과를 낳고 만 것입니다. 신앙이 아직 다 여물지 않아 연약할 때, 그리고 상처가 여전히 고통으로 남아 있는 사람에게는 간증도 함부로 부탁하면 안 된다는 큰 교훈을 얻는 계기였습니다. 그런 분들과는 오랜 시간을 함께하면서, 마음의 문을 열기까지, 그리고 상처가 치유될 때까지 기다려 주고 기도하며 섬기는 것이 가장 중요한 것임을 다시 한번 마음에 새겼습니다.

국정원에서의 조사가 끝나면 다음으로 머물게 되는 하나원에는 '현장체험'이라는 사역이 있습니다. 교회와 연계하여 봉사자들과 일대일로 친밀하게 만나 사귀면서, 한국에 와서 겪는 어려움을 들어주고, 맛있는 음식을 나누며 그들의 아프고 지친 마음을 만져 주는 시간입니다. 그 과정에서 기회가 될 때, 복음으로 회복된 간증을 나누는데, 이 사역이 제게는 참 뜻깊은 시간이었습니다. 이렇게 만난 영혼들이 교회와 북사선 공동체에 연결되기도 했습니다.

"잘 왔습니다, 정말 잘 왔어요! 하나님께서 당신을 여기로 인도하신 것입니다."

그들을 환영하면서 먼저 안아주면, 어깨에 머리를 기대고 펑펑 우는 경우도 수없이 많았습니다. 먼저 공감해 주면서 마음 문을 열고 다가가면 자연스레 삶을 나누게 되고, 서로 다른 환경에서 살았음에도 같은 공감대가 형성되는 것을 경험하게 됩니다.

하나원 사역을 하며 알게 된 자매를 결혼시킨 사례가 있습니다. 중국에서 만난 한 한국 남자와 번호를 주고받았고, 남한에 온 이후 다시 연락을 하여 만나고 있는 것을 알게 되었습니다. 그러다 임신도 하게 되었기에 동분서주 쫓아다니며 결혼식을 치르도록 주선을 했습니다. 결국 북사선 공동체 중 1호 탈북민 부부에게 소개하고 연결해서 그 부부를 친정 부모의 자리에 세우고 식을 올리게 되었지요. 결혼식에는 북사선 공동체 교역자부터 아이에 이르기까지 모든 식구가 참여해 축복했습니다. 지금은 어떻게 지내는지 궁금하시죠? 지금은 두 아이를 낳고 행복하게 잘 살고

있습니다. 여전히 연락을 나누고 있는데, 교회도 열심히 다니고 있습니다. 자매와 가끔 통화할 때면

"저희 신앙생활이 궁금하시죠?" 하며 웃습니다. 큰아들에게 믿음이 들어가 건강한 신앙생활을 하고 있고, 시누이와 시어머니도 전도해서 같이 신앙생활을 하고 있답니다. 한 영혼이 이렇게 변화되고 신앙 안에서 바로 서는 것을 보기까지 오래 참고 기다려야 하지만 그만큼 큰 보람을 느끼기도 합니다. 신앙 안에서 바로 섰다 하여도 여전히 찾아가 주어야 하고요. 이 자매 역시 이렇게 되기까지 5년의 시간이 걸렸습니다. 이런 사역은 한 사람이 전담하는 것보다 여러 명이 협력해서 다각도로 함께해야 합니다. 함께 울어주고, 먹여주고, 재워주고 해야 합니다. 어떤 자매는 저희 집에서 4년 동안이나 함께 지낸 적도 있습니다. 함께하는 시간도, 기도하는 시간도 많이 필요합니다. 행여나 우리 섬김이들의 섬김이 너무 드러나서 우리가 무언가 한 것처럼 될까 봐 두려울 때도 있습니다. 이를 막기 위해 우리 안에서 긴밀한 관계로 거듭나고, 소통을 통해 많은 정보가 공유되면 좋겠습니다.

90년대 이산가족 상봉이 이루어질 때 만났던 한 가족의 자녀가 탈북해 교회로 온 적이 있습니다. 고향 친구가 먼저 한국에 도착했고, 친구인 그 자매가 나올 수 있도록 도왔습니다. 이 자매는 아무리 복음을 전해도 받아들이지 않고 관심도 전혀 없었습니다. 그녀의 관심은 오로지 하나, 자

신의 가족과 친지들을 찾는 것이었지요. 시간이 지나면서 복음이 차츰 들어가게 되었는데, 북의 가족을 데려오기 위해 주일에도 일을 해야만 했습니다. 이것이 그분들의 현실입니다. 우리가 이들을 어떻게 도울 수 있을까요. 결국 여동생을 남한으로 데리고 오게 되었고, 동생에게도 복음을 전하고 싶은 마음에 자주 선물을 들고 찾아갔습니다. 간혹 섬김을 당연하게 여기는 태도를 보일 때가 있는데, 그럴 때면 마냥 마음이 좋지만은 않습니다. 그럼에도 꾸준히 관심을 갖고 사랑을 나누려고 애를 씁니다. 제 실생활에서는 남편에게 구박을 받기도 하고, 여기저기서 아끼느라 함부로 쓰지 못하지만, 주님이 주시는 마음을 거절하지 못하고 순종할 때면 이내 마음에 기쁨이 찾아오고, 곧 평안해집니다. 지금도 그 자매와 자주 연락하면서 안부를 물어보고 신앙생활을 묻습니다. 이제 그녀는

"나도 결국은 권사님처럼 살 거예요."

이렇게 고백하는 사람이 되었습니다. 늘 그 마음이 주님을 떠나지 않도록, 계속 연락의 끈을 놓치지 않는 것이 중요합니다. 그 영혼이 그 가족들과 친지들에게 복음을 전해 줄 통로로서, 선한 영향을 줄 수 있는 하나님의 자녀가 될 수 있기 때문입니다.

처음에는 힘들고 어려운 일이 많이 생기고 가끔씩 본의 아닌 실수를 하기도 합니다. 게다가 서로가 너무 다른 환경에서 자랐기 때문에 이해

하기 힘든 일도 많습니다. 씨를 뿌리고, 물을 주고, 오래 기다려도 손가락 사이의 모래알처럼 빠져나가는 영혼이 생겨도 그들을 향한 수고와 노력은 끊임없이 이루어져야 합니다. 그리고 이렇게 인내하며 오래 참으면 많은 것을 배우게 됩니다. 우리 자신의 생각과 방법으로 남을 판단하지 말고, 서로 배웁시다. 물론 이것은 겸손한 자세로만 가능합니다. 하나님의 마음이 어디에 있는지, 어떻게 섬겨야 하는지, 그들은 무엇을 원하는지, 우리의 노하우와 판단을 내려놓을 때 비로소 주님이 주시는 지혜가 생깁니다. 그리할 때 더 순종할 수 있으며, 결국 그들도 마음을 열게 됩니다.

북사선 가족들을 섬기며 받은 가장 큰 축복은 제 믿음이 성장한다는 것입니다. 밑빠진 독에 물 붓는 것 같을 때도 있습니다. 그러나 그 가운데서도 하나님은 일하시고, 예정하신 영혼은 주님께로 돌아옵니다. 이것이 그들을 놓을 수 없는 이유입니다. 간혹 10년의 세월이 지난 후에 다시 교회를 찾는 경우도 있지만, 이 얼마나 고마운 일입니까? 그러니 다 이해할 수 없어도 잠잠하게, 늘 그 자리에서, 소리 없이 섬기는 것이 최고로 섬기는 것입니다. 상은 그분께서 주실 것을 믿으면서 말입니다.

(전남 영광군)

압록강 건너편 강가에는 아이들이 각양각색의 모습으로 있었습니다. 염소 목줄을 쥐고서 어른들 사이에 앉은 아이, 언덕 풀밭에 앉아 우리가 탄 배를 향해 손을 흔드는 아이, 물고기를 잡는지 그물망을 가지고 물 속에서 첨벙거리며 뛰는 아이…. 그들은 중국 단동과 압록강을 사이에 두고 마주 보이는 북한 땅에 살고 있습니다. 중국 단기선교팀으로 심양과 단동을 방문했던 그때 만난 압록강 건너편 북한 아이들을 보면서, 대학시절 서해 섬마을로 여름성경학교를 섬기러 가서 만났던 그 아이들이 떠올랐습니다. 한 걸음만 더 가면 손잡고 우리말로 이야기를 나눌 수 있는 그 아이들이 바로 거기 있는데, 우리는 중국 국기를 단 배를 타고 지나가며 손 밖에 흔들 수 없었습니다.

'주님, 북한 땅을 위해 기도합니다. 복음적 평화통일을 속히 이루어 이해할 수 없는 이런 상황이 끝나게 해주소서.'

한국으로 돌아온 후, 북사선 예배에 나가기 시작했습니다. 북사선 예배가 있다는 것은 알았지만, 나도 참여할 수 있는 예배라는 생각은 해 본 적이 없었던 터였습니다. 탈북민들만 참석하는 예배라고 생각했었지요. 북사선 예배는 남과 북이 함께하는 예배인데 말입니다. 남북한 출신의 성도들이 함께 모여 예배하고, 찬양하고, 다락방을 통해 삶을 나누는 북사선 예배는 그야말로 통일을 먼저 체험하는 장소였습니다.

몇 개월 후 주보를 통해 북사선 내에 주일학교가 있으며, 교사를 모집하고 있다는 것을 알게 되었고, 압록강 건너 손을 흔들던 아이들을 떠올리며 교사로 지원했습니다. 북사선 주일학교는 초등학생부터 고등학생까지 함께 예배를 드립니다. 주일학교를 주로 이루는 구성원은 반석학교, 한겨레학교, 여명학교 등의 중고등부 아이들이었고, 초등부 친구들은 대체로 북사선예배를 드리는 부모님을 따라온 아이들 중 일부였습니다. 사랑의교회 주일학교처럼 잘 짜인 시스템이나 교재가 있는 것은 아니었으나, 아이들을 향한 선생님들의 헌신과 사랑으로 주일학교가 운영되고 있었습니다.

북사선 주일학교는 학생들이 교회에 오는 것부터 만만치가 않습니다. 한겨레학교는 안성에 있기 때문에 차량봉사자들이 아침에 기숙사에서 태우고 와서 오후에 태워다 주어야만 했습니다. 가끔 일정에 차질이 생기면 담당 선생님이 안성으로 아이들을 데리러 가는 일도 생기곤 했지요. 예배가 끝나면 다 같이 모여 식사를 합니다. 음식을 가져와 함께 식사를 했는데, 예배 후 식사는 학교 가지 않는 날에 기숙사에서 라면으로 끼니를 때우는 아이들에게 밥을 먹이는, 주일학교의 중요한 사역 중의 하나입니다. 그리고 주중에는 선생님들이 아이들을 개별적으로 심방하기도 하고, 또 학교 별로 심방하여 아이들의 이야기도 들어주는 등 관계의 거리를 좁히려는 노력을 했습니다.

주일학교의 일 년 사역 중 가장 큰 것은 여름수련회입니다. 아이들이 바다를 좋아해서, 바다로 가는 여름수련회는 가장 많은 아이들이 모이는 행사이기도 합니다. 2박 3일간 아침 저녁으로 예배드리고, 함께 어울려 놀고, 함께 먹으면 그동안 드러내지 않았던 속마음을 보여주기도 하고, 찬양과 기도의 뜨거움을 경험하기도 합니다.

북한의 국경 봉쇄정책이 심해진 데다 코로나 상황이 오면서 하나원에 들어오는 탈북민 수가 현저히 줄어들었고, 따라서 주일학교 학생 수도 줄어들 수밖에 없었습니다. 더구나 교회의 현장예배가 어려워졌고, 한겨레학교 학생들은 기숙사에서 나올 수 없는 상황이 되었습니다. 사랑의교회 대예배를 비롯한 각 부서 예배는 온라인 예배로 전환되었고, 북사선 역시 온라인 예배와 허용범위 안에서 일부 현장예배를 병행하게 되었습니다. 주일학교도 주일 아침에는 같이 예배를 드리고, 저녁에는 온라인으로 한겨레 학생들과 선생님들이 만나서 전도사님의 인도로 예배를 드렸습니다. 아이들이 다 참석하지 않은 날도 있었지만, 예배의 자리를 놓치지 않으려는 노력이었습니다.

오랜 시간이 지나 드디어 현장예배가 회복되었습니다. 교회 식당이 문을 열지 않아서 아이들 점심이 고민되었습니다. 매번 김밥이나 도시락 전문점의 불고기 도시락을 먹이자니 너무 부실한 것 같았습니다. 1인 5000원의 예산으로 어떻게 한 끼를 맛있으면서도 건강한 식사를 할 수 있을까 고민한 끝에 전기밥솥 두 개를 구했습니다. 씻어 나온 쌀을 이용해 밥을 하고, 한두 가지 반찬과 닭강정, 불고기 등의 메인 반찬에 냉동 건조국을 사용하면 수박이나 파인애플 등 후식까지 준비할 수 있었습니다. 아침에 장을 보고 준비하는 것이 다소 번거롭기는 했지만, 다 같이 둘러앉아 식사 교제를 하는 것은 참 즐거웠습니다. 가끔 김밥에 컵라면을 종류별로 늘어놓고 먹고 싶은 라면을 골라 먹을 때, 아이들은 매우 즐거워했습니다.

2년 동안 가지 못했던 여름수련회는 쥬빌리통일구국기도회로 함께 동역하는 주문진 은샘교회 목사님의 제안으로 은샘교회와 그 지역의 성덕교회, 그리고 사랑의교회 북사선 주일학교 연합수련회로 개최됐습니다. 코로나 상황이 완전히 끝난 게 아니라서 조심스럽기도 했지만, 세 교회의 아이들과 선생님이 함께 두 손들어 올려드리는 찬양과 기도로 채워진 예배는 은혜로웠고, 푸른 바다에서의 물놀이는 즐거웠으며, 매운 연기를 맞아가며 선생님들이 구워 주신 바비큐 고기는 꿀맛이었습니다. 남한에서 나고 자란 아이들, 북한이나 중국에서 태어나 남한으로 온 아이들, 북이 고향인 부모님이 한국에서 낳은 아이들, 모두 배경은 다르지만 한자리에 모여 있을 때 다른 것은 하나도 없었습니다. 압록강 건너에 있던 아이들도 그 자리에 있었다면 마찬가지였겠지요.

북에서 넘어오는 과정 중에 예수님을 만난 아이들도 있지만, 예수님이 전혀 믿어지지 않는 아이들에게 문밖에서 기다리시는 예수님의 마음을 전하는 것은 전적으로 사랑밖에 없다는 것을 느낍니다. 아이들이 그 문을 열고 예수님을 만나길 축복하며 기도합니다. 그리고 주님의 시간이 되어 남과 북이 복음적 평화통일을 이루어, 압록강 건너의 아이들에게도 예수님의 사랑과 주 안에서 누리는 기쁨을 전하고, 함께 예배하는 날이 속히 오기를 기도드립니다.

(서울특별시)

　탈북한 지 얼마 안 되었고, 아직 나이도 어리지만 북한과 남한의 사람을 대하는 방법이 조금 다르다고 느꼈습니다. 북한에서 만났던 좋은 인연은 담임 선생님이었습니다. 선생님은 내 성향과 가정 상황을 꿰뚫고 계시면서 공부뿐 아니라 진로에 대해 진심으로 함께 고민하며, 기초학습능력이 부족한 나를 따로 가르쳐 주셨습니다. 북한에서 사랑받은 경험은 고작 이것뿐이었지만, 이때 받은 사랑과 관심으로 '미래에 나도 이 선생님처럼 훌륭한 사람이 되고 싶다'는 생각을 갖게 됐고, 진정으로 사람을 위하는 마음이 무엇인지, 그렇다면 어떻게 행동해야 하는지 알게 해주셨습니다.

탈북 후 남한에서 만난 선생님들은 북한에서 만났던 선생님과 많이 달랐습니다. 남한 선생님들은 수업 외에는 학생들의 삶에 대해 크게 관심이 없어 보였습니다. 국가의 체제와 삶의 수준에서 오는 차이라고 생각했지만, 사람을 진심으로 대하는 방법은 그렇게 대단하지도, 특별한 방법이 필요한 것도 아닌 것 같습니다. 어쨌든 남한에서는 '내가 생각했던 훌륭한 사람 만나기를 포기해야겠구나' 생각하며 살았습니다.

그러나 사랑의교회에는 이전에 만났던 북한에서의 선생님과 비슷한 성품을 지닌 분들이 있었습니다. 그간 포기해야만 했던 좋은 사람에 대한 기대감을 다시 회복시켜 준 것입니다. 그분들은 처음 만났음에도 가족처럼 개인의 여러 상황들을 귀 기울여 들으며 이해해 주셨고 자신의 일처럼 함께 고민하며 조언해주고 가르쳐주었습니다. 이런 사람이 다니는 교회라면 나도 함께 해보고 싶다는 생각이 들었습니다. 그렇게 시작한 교회 생활도 어느덧 9년째 접어들었습니다.

사랑의교회 북사선은 남북의 남녀노소가 함께 모여 예배를 드립니다. 다양한 연령만큼이나 살아온 배경도, 동시에 현재 살아가는 삶의 배경 또한 다양합니다. 이런 차이 때문일까요? 삶의 배경이 다양한 만큼 각자의 생각도 너무나 다양합니다. 이러한 생각의 차이는 때때로 오해를 만들어 내기도 합니다. 그로 인해 다툼이 일어나는 것은 당연한 일입니다. 하지만 진실하게 하나님을 믿는 다락방 순장들 앞에서 그런 차이점은 그저 사소한 상황에 불과한 것 같습니다. 그런 차이점들을 아우를 수 있는 무기인 하나님의 말씀을 철저히 삶으로 실천하고 있는 분들이기 때문입니다. 획일주의 국가에서 청소년 시절을 보냈기에, 저는 다양한 생각이 존재하는 것 그 자체가 때론 불편하기도 합니다.

이런 혼란 속에서 그나마 중요하게 깨달은 것은 하나님 앞에 완벽한 인간은 없다는 것, 그렇기 때문에 우리는 하나님 앞에 나아간다는 사실입니다. 매우 단순한 사실이지만 삶의 환경 때문에 우리 인간은 항상 하나님이 원하시는 방향대로 살아가기 힘든 존재라는 것을 먼저 받아들이는 것이 얼마나 중요한 것인가를 깨닫게 되었습니다. 저를 포함한 모든 인간이 하나님 앞에 이렇게 부족한 존재라는 것을 깨달을 때, 이런 부족함 때문에 더 겸손할 수 있고, 동시에 이로 인해 어떤 사람도 두려워하지 않고 그 앞에서 담대할 수 있다는 것, 그리고 오로지 하나님만 경외할 만한 분이라는 것을 알게 된 것은 새로운 환경 속에서 살아가는 저에게 너무나도 큰 힘이 되고 있습니다.

통일은 전적으로 주님께 달려있다고 생각합니다. 우리는 그저 하나님의 성품을 삶 속에서 살아내기만 하면 되는 것이 아닐까요? 하나님의 큰 뜻을 다 알 수는 없지만, 분명한 사실은 인간이 아무리 좋은 생각들, 아이디어들로 다투어 봐도 하나님의 뜻을 넘지 못한다는 사실입니다. 하나님 안에서 같이 생활을 하면서도, 남북한의 다른 삶의 방식에서 빚어진 차이 때문에 여러 상황들이 일어나는데, 결국은 하나님의 큰 뜻을 전적으로 신뢰하지 못하기 때문에 그런 것이 아닐까 생각합니다. 여전히 우리는 다양한 주장을 하며 살아가고 있지만, 무한하신 하나님을 온전히 믿는다면 그 어떤 차이도 극복할 수 있다고 믿습니다. 진정한 통일은 하나님 안에서만 이루어지는 것이기 때문입니다.

(함경북도 혜산)

16살 되던 해, 아버지가 돌아가셨습니다. 3일 내내 눈물과 슬픔으로 지새워야 했을 장례식장이건만, 난생처음 보는 많은 분들이 찾아와 텅 빈 그곳을 채워 주었습니다. 남한에 온 이후로 친척도 없고 아는 사람도 없던 시간을, 어둡고 온기도 없으며 허망하기만 하던 그 장소를, 그분들은 따뜻한 위로와 온기로 안아주고 위로해 주며 함께해 주었습니다.

장례식을 마치고 감사 인사를 드리기 위해 잠깐 교회에 들른 것을 시작으로 교회에 나가기 시작했습니다. 하지만, 여전히 마음이 끌리지 않아 갖가지 핑계를 대며 냉랭한 반응을 보였는데, 전도사님의 지속적인 관심과 외롭기도 해서 못 이기는 척 정기적으로 나가기 시작했습니다. 그러나 여전히 적응하지 못하고 있던 저에게 북사선 성도들은 한결같이 다가와 삶에 대해 물어주고, 함께 음식을 먹으며, 꾸준히 사랑으로 감싸주셔서 저는 서서히 교회에 적응할 수 있었습니다. 삶에서 일어나는 작은 일 모두 한결같은 모습으로 시간을 내어 진심으로 축하해 주고 위로해 주며 제 곁을 지켜준 북사선 공동체. 그분들은 제가 하나님을 모르는 선데이 크리스천임에도 5년 반이라는 시간 동안 제 곁에서 한결같이 함께해 주었습니다.

추석이나 설 같은 큰 명절에는 피가 섞인 가족처럼 남과 북 사람들이 둘러앉아 떡을 먹으며, 서로 삶을 나누고, 살아왔던 서로의 삶을 나누고 아파하며, 공감하고 존중하고 이해하며 서로의 문화를 함께 즐겼습니다. 그렇게 우리는 남과 북이 함께 모여 통일 시대의 예배를 재현하는 가족이 되었습니다.

5년 반 동안 사랑으로 키워 주며 제 곁에 있어준 북사선 가족분들의 섬김에, 저는 하나님을 인격적으로 만나 훈련을 받기 시작했고, 하나님과 깊은 교제를 가질 수 있게 되었습니다. 이제는 왜 살아야 하는지 그 이유를 알고, 하루하루를 살아 있다는 것에 감격하며, 예수님의 진리와 생명을 전하는 것이 비전이 되어 캠퍼스를 누비고, 최선을 다해 학업에 집중하면서 생명을 전하는 삶을 살고 있습니다.

그러던 중, 부족하고 자랑할 것 없는 제가 청년부 순장으로 섬기게 되었고, 북사선에서 저를 위해 헌신하고 에너지를 쏟으며 사랑을 나눠주셨던 가족들처럼, 이제는 제가 받고 배운 사랑을 다른 북사선 가족들에게 나누고 있습니다. 이제 저의 궁극적인 비전은 북한 땅에서 불러내셔서 이렇게 세워주신 하나님의 통일 일꾼으로서 쓰임 받는 제자가 되는 것입니다. 이를 위해 준비하고, 순종하며 나아가는 삶을 사는 북사선 공동체 가족들과 제가 될 것을 다짐하며 기도로 나아갑니다.

(함경북도 회령시)

 그 아이를 처음 만난 건 북사선 주일학교에 간 지 얼마 지나지 않아서였습니다. 담당 선생님과 소파에 앉아서 이야기를 나누는 모습은 자유분방해 보였지만, 가끔씩 경계하는 거친 분위기가 흐르기도 했습니다. 얼마 후 그 선생님은 교사를 그만두게 되었고, 그 아이는 자연스레 담당 학생이 없던 제게 배치되었습니다. 그 아이는 교회에 가끔 오곤 했는데, 대부분 몸이 다쳤을 때 나타났습니다. 다친 몸으로 토요일 밤에 들어와, 혼자 예배당에서 자고 있던 적도 있었습니다. 어떻게 들어왔는지…. 그래도 몇 번 얼굴은 본 사이라고, 펴 놓은 책상에 순순히 앉아 있긴 했습니다. 팔꿈치만 책상에 올려놓은 채, 옆모습으로, 마주 보지도 않는 그 아이와의 인연은 시작되었습니다.

한 번은 얘기하고 있는데 잠깐 나갔다 오겠다며 나가지 않겠어요? 기다리고 있는데 별 생각이 다 들었습니다. 혹시 집에 간 것일까, 내 말에 기분이 상해서 그런 것일까? 초조해진 마음에 나가 보았더니, 담벼락에서 담배를 피우고 있었습니다. "그래도 집에는 안 갔구나" 하는 안도감이 들었습니다. 그리고 갑자기 나타난 제가 볼까 꽁초를 뒤로 숨겨주는 모습이 고마웠습니다.

"다 필 때까지 기다려 줄게."

말이 끝나기 무섭게 그 아이는 꽁초를 쓰레기통에 버리고 앞장서 다시 들어와 주었습니다. 한 선생님이 제 귓가에 이런 말을 속삭인 적이 있습니다.

"K 군이 무섭지 않으세요? 나는 그 눈을 보면 살기가 느껴져요."

그런지 어쩐지 잘 모르겠지만 이 아이가 딴짓하는 것처럼 보여도 제 얘기를 듣고 있다고 확신할 수 있었습니다. 그렇게 여러 번의 만남이 있은 후, 그 아이는 제게 자기 이야기를 들려주었습니다.

왜소하고 작은 이 아이. 다섯 살 때 어머니가 집을 나갔고, 아버지는 그 이후로 집에 거의 들어오지 않으셔서 어려서부터 꽃제비로 살았다고 합니다. 아무도 돌봐주는 사람이 없으니 2, 3층 되는 높이에서 떨어진 것만 해도 두 번이었는데, 누구도 봐주는 사람이 없어 얼마 후에 혼자 일어나야만 했답니다. 그 후유증일까요? 지금도 가끔 머리에 진통이 찾아오는데, 그럴 때면 곧바로 아무도 없는 곳으로 가서 진통제 여러 알을 한꺼번에 삼키고, 그조차도 듣지 않으면 소리 없이 사라지곤 합니다. 사람이 없는 곳에 가서 고통을 삼키기 위해.

K는 늘 싸우고 다녔습니다. 당연히 경찰서에 들락거린 것도 여러 번. 한 번은 오토바이를 타다가 택시와 부딪쳤는데 택시 기사님과 시비가 붙었고, 기사님은 신고를 했습니다. 밤에 오토바이를 타고 도로를 질주했기 때문에 모든 잘못이 아이에게 돌아왔습니다. 조사 과정에서 북한 말투에 말을 더듬는 편이라 아무리 설명해도 못 알아들었고, 이 아이의 말을 그 누구도 귀 기울여 주지 않았다고 합니다. 자신을 무시한다고 생각하게 된 아이는 조사하던 경찰을 흠씬 두들겨 패고 말았습니다. 경찰은 전치 2주 진단을 받고 아이는 구금되었습니다. 다음날 합의하는 조건으로 아이를 데리고 나왔다는 전도사님의 전화가 왔습니다. 전 정말 궁금했습니다. 어떻게 경찰을, 그것도 경찰서에서 때릴 생각을 했는지, 게다가 그 작은 체구로 말입니다. 정말 이해가 되지 않았습니다.

"너 어떻게 때렸니?"

"네가 먼저 때렸어?"

경찰 카메라에 잡힌 자신의 모습을 보고 "멋있게 날렸다!"라며 히죽히죽 웃을 뿐이었습니다. 이 아이의 아버지는 서바이벌 게임처럼 한 사람만 살아남아 나올 수 있는 훈련소의 교관이었는데, 어느 날 집에 와서 아이가 너무 작아 어디 가서 피죽도 못 얻어먹고 죽을 것처럼 보여 살 길을 가르쳐 준다며 사람의 급소를 알려 주었답니다. 어떻게 해야 상대를 기절시키고, 어디를 치면 죽는지 알려 주고는, 넌 작고 약하니까 절대 힘으로 하지 말라며 벽이나 주변을 이용해 급소를 한 번에 공격하는 방법을 가르쳐 주었답니다.

"그, 그, 그래서 넌 가만히 타이핑 치고 있던 사람에게 감정을 누르지 못해서 갑자기 급소를 쳐버렸다는 거니? 그게 정당하다고 생각해? 나한테도 그렇게 할 수 있겠구나!"

저도 모르게 상기된 목소리로 내뱉었습니다. 아이는 그게 아니라며 힐끗 쳐다보고 숨을 곳을 찾듯 나가버리고 말았습니다. 도무지 변화와는 거리가 먼 것처럼 보이는 아이만 생각하면 한숨이 절로 나왔지만, 한편으로는 아버지 얘기를 들려주어 내심 고마웠습니다. 아이는 이제 다치지 않아도 자주 교회에 오는 아이가 되었고, 우리는 마침내 정면으로 앉아 눈을 마주치며 속 깊은 이야기까지 나누는 사이가 되었습니다.

한 번은 중국에서 살다가 한국에 들어와서 있었던 일을 이야기해 주었습니다. 아버지에게 배운 각종 무술과 술책을 자기처럼 작고 날쌘 아이들을 모아 가르쳐 주었고, 그렇게 모인 아이들은 목숨을 같이 하는 패거리로 발전하게 되었습니다. 그리고 한국에 들어와서도 어떻게 '짱'을 잡을까 고민하다가 전국을 제패하기 위해서는 부산으로 가야 한다는 소리를 듣고 부산으로 내려가 큰 싸움을 했다고 합니다. 그때 자기가 친동생처럼 여기던 아이가 칼에 맞고, 이 아이의 품에서 마지막으로 "형, 나 죽고 싶지 않아…"라는 말을 남기고는 눈도 못 감은 채 죽고 말았습니다. 이 아이는 못 감은 동생의 눈을 감겨주며 동생의 복수를 자신의 인생의 목표로 정했습니다. 이 말을 하는 아이의 눈이 붉어져 까만 눈동자가 점점 커져서 흰자를 먹어버릴 것만 같았습니다. 아, 어떻게 해야 할까요….

'주님, 이 아이를 어떻게 해야 하나요?'

하나님께 물어보아도 가슴이 답답하기만 했습니다. 이 아이에게 복수는 인간이 하는 것이 아니라고 어떻게 전할 수 있을지 고민이 되었습니다. 동시에 이 아이에게 어떤 도움을 주어야 할지 너무나 고민이 되었습니다. 그렇게 한 주가 지나고, 우리 둘은 다시 책상 앞에 앉았습니다. 낮은 목소리로 말을 꺼냈습니다.

"고수는 힘을 함부로 쓰는 게 아니야. 그리고 복수는 인간이 아니라 하나님께 속한 거야."

아이는 크게 뜬 눈으로 저를 응시했습니다. 아이는 눈빛으로 많은 이야기를 하고 있었습니다. 믿어 주었다는 느낌과 더불어 의구심, 깨달음, 고마움…. 흔히 들을 수 있고, 아무나 할 수 있는 말이라 생각했는데, 아이에게는 난생처음 들어 본 말이었던 것입니다. 잘은 몰라도 아이에게 그 말이 그의 영혼 깊이 새겨졌고, 속에서 변화가 일어나기 시작했던 것 같습니다. 얼마가 지났을까요?

"쌤, 조직 해체하려구요."

이것은 농담이 아니었습니다. 이게 무슨 말인가요! 가슴이 뛰기 시작하고 두려움이 몰려왔습니다. 정말 해체가 될지, 조직원들이 이 아이를 순순히 놓아줄지, 과연 이 아이가 무사할 수 있을지, 아이에 대한 걱정이 끝없이 몰려왔습니다. 그런데 아이는 한술 더 뜹니다.

"쌤, 우리 애들 만나 보실래요? 제가 만나게 해드릴게요."

"걔들이 와야지 내가 가냐? 네가 교회로 데려와."

무슨 정신인지 농담도 하던 제게 스스로 놀랐습니다. 그날, 아이는 제게 활짝 웃어주며 집으로 돌아갔습니다. 아이의 말이 마음에 걸리기도 하고, 이후로 어떻게 해야 할지도 몰라 담당 전도사님과 의논해 보려고 말씀드렸더니,

"에이, 그럴 리가요!"

하면서 웃으셨습니다. 이해는 됩니다. 지금도 이 아이의 이야기를 하면 영화에나 나올 법한 이야기처럼 꾸며낸 것 같으니까요. 그렇게 돌아간 아이가 그날부터 연락이 되지 않는 것입니다. 불길한 느낌이 들었습니다. 연락이 닿지 않는 그 긴 시간은 마치 암흑 속에 있는 듯한 느낌이었습니다. 할 수 있는 일이라고는 하나님께 간절히 매달리는 일뿐이었습니다.

"주님! 이 아이, 데려가시는 건 아니죠? 아이는 어디에 있나요? 이 불쌍한 아이에게 기회를 주세요. 도와주세요! 살려주세요!"

아이에게 다시 전화가 온 것은 어느 늦은 저녁이었습니다. 아이의 목소리는 밤이슬과 차디찬 겨울이 잔뜩 묻어 있었고, 어둡게 느껴졌습니다. 한 자 한 자 힘을 주어 천천히 말을 이어갔습니다.

"너 어디니?"

"여기가 어디지? 헤헤헤."

"너, 동생들과 같이 있니?"

"아니요, 지금은 나 혼자 있어요."

이미 아이의 목소리가 상황의 위급함을 말해 주고 있었습니다.

"경찰에 신고할게."

"아니요, 안 돼요. 신고하면 안 돼요. 저, 죽을 거예요. 내 동생들이 아주 잘 했어요. 가르쳐 준 대로 정확하게 꽂았어요."

그렇게 전화는 끊어졌고, 저는 아이의 이름을 부르면서 얼마나 오열을 했는지 모릅니다. 후에 아이는 레지던트로 일하고 있는 아는 형과 연결이 되어 수개월간 치료를 받았습니다. 그때 아이가 다시 삶의 기회를 갖게 되어 얼마나 감사했는지 모릅니다. 그 후, 한동안 아이를 만나지는 못했지만, 가끔 전화는 해 주었습니다. 아이는 잘 지내고 있으며, 아르바이트도 시작했다고 했습니다.

이 이야기를 나누기까지 셀 수 없이 생각했습니다. 오래된 이야기를 꺼내려니 마음이 복잡했습니다. 그럼에도 이 이야기를 나눈 것은, 이 아이와 같은 사람들이 생각보다 주변에, 꽤 가까이 있다는 것입니다. 그 아이처럼 북한에서 이사 오신 분들은 대부분 개별적이면서 특별한 경험을 가진 분들이 많습니다. 우리가 많은 사례를 접해서 잘 알고 있다 하더라도, 새로 온 분들은 우리를 개인적으로 만나기 때문에, 혹 우리가 선입견을 가지고 그분들을 대하다 보면 예상치 못한 일들이 생길 수 있습니다.

저는 항상 그분들의 솔직함과 따스함을 보게 되는데, 그분들의 이러한 모습이 너무 좋습니다. 다 설명할 수는 없지만, 오히려 제가 그분들에게 이해받고 있다고 느낄 때도 많습니다. 그래서인지 저는 남쪽 분들보다 그분들과 소통할 때 더 매끄러운 편입니다. 목숨을 걸고 사선을 넘는 것은 억울한 일 중에 억울한 일이며, 오장 육부가 뒤틀어질 만큼 처절하고 참담함을 겪어야만 합니다. 저는 그분들과의 나눔 속에서 십자가를 보곤 합니다. 예수님께서 골고다로 오르셨던 길같이, 자신을 다 내어놓은 그런 길 말입니다. 그래서 호기심과 궁금증이 생겨도 그 과정을 함부로 물어볼 수가 없습니다. 거친 말투로 덤덤히 내뱉지만, 실상은 쉽게 이야기할 수 없는 가슴 떨리는 이야기를 듣자면 희열이 느껴지기도 합니다. 그런데 그 이야기 속에 하나님이 나오고, 복음 때문에 세상에서 용기 있게 살아간다는 고백을 듣고, 보고 싶습니다. 이들을 통해 예수님의 마음이 널리 퍼져가는 놀라운 일들을 계속해서 볼 수 있기를 간절히 소망해 봅니다.

(인천광역시)

평양 출신인 아버지와, 독립군으로 활동하셨던 외할아버지께서 독립군 거주지인 만주에 머무실 때 낳으셨던 어머니는 한국전쟁 전후로 각각

남쪽으로 내려오셨고, 남한에서 가정을 이루셨습니다. 저는 서울에서 태어났고요. 다행히 집안에 이산가족은 없어, 실향민이라는 집안 배경에도 유년 시절부터 북한이나 통일문제에 대한 별다른 감흥 없이 살아왔습니다. 평양 출신인 저희 친가는 복음이 평양에 처음 들어왔을 때 복음을 받아들였고, 현재 조카들까지 포함하면 6대째 신앙을 이어가고 있으니 하나님의 은혜입니다. 이런 탓에 제게 명절은 여느 집처럼 멀리 이동하여 차례 지내는 날이 아니라 그냥 쉬는 날이었고, 이북 사투리를 쓰시는 할아버지께서 가족 예배를 주관하시는 것을 집안의 전통 정도로 여기며 자라왔습니다. 성인이 된 후 사랑의교회 청년부에 출석하게 되었는데, 당시 저의 제자훈련을 담당했던 교역자께서 청년부 북한선교국을 담당하고 계신 데다 제자반 동기 한 명도 그 부서를 섬기고 있어 자연스레 관련한 주제와 내용들을 나누는 일이 많았습니다. 그렇게 북한선교국에 관심을 갖고 봉사하게 되었는데, 그때는 집안 배경과 크게 연관성을 두진 않았던 것 같습니다.

당시는 사랑의교회 강남 성전 시절로, 교회와 떨어진 건물에서 운영중이던 북사선의 존재를 알고는 있었지만 따로 참석한 적은 없었고, 청년부 안에 있는 북한선교국과 북사선을 섬기던 지체들을 통해 종종 소식을 들었던 것이 다였습니다. 시간이 흘러 청년부를 떠날 시기가 되었을 때 당시 교회에 크고 작은 문제들이 있어 잠시 사랑의교회를 떠나 다른 교회에서 북한 관련 사역을 하려고 했지만, 사랑의교회만큼 체계적으로 사역하는 공동체를 찾지 못해 다시 사랑의교회로 오게 되었고, 그때를 기점으로 북사선에 참여하게 되었습니다. 차츰 북사선 공동체에서 섬김의 범위를 넓혀가며 각종 프로그램의 스태프로 섬기고, 행정팀에서 봉사하며 점차 북한 사역에 대해 눈을 뜨게 되었습니다. 많은 북한 지체들과 공동체 안에서 생활하면서 수많은 사연들을 접하며 함께 울고 웃었고, 이제는 그들과 함께 하는 것이 너무나 자연스러운 일상이 되었습니다. 그리고 이곳에 보내주신 북한 지체들이 우연히 오게 된 것이 아니라, 하나님의 계획 아래에서 온 것을 알 수 있었습니다.

일대일 양육을 통해 한 형제와 멘토로서 인연을 맺고 지금까지 교제를 나누게 된 일은 여전히 인상 깊게 남아있습니다. 그는 반석학교 출신이었는데, 대학 입학 직후 처음 연결되어 대학을 졸업한 지금까지도 정기적으로 만남을 가지며 교제를 이어가고 있습니다. 이 세대의 모든 사회 초년생들이 동일하게 고민하는 진로 문제뿐만 아니라, 이곳이 남한이기에 겪어야만 했던 여러 고민들을 통해 더욱 이해의 폭이 넓어지고 깊은 유대관계도 형성하게 되었습니다. 이제는 해외로 유학을 준비중인 그 친구와는 언젠가 그곳으로 여행을 가서 만날 이야기를 나눕니다. 이 정도면 평생의 인연이 되겠구나 싶습니다. 예전에 '북한 지체들을 위한 사역은 거창한 것이 아니라 그들의 친구가 되는 것'이라는 말씀을 들은 적이 있는데, 이 형제를 통하여 그 말을 실감하고 있습니다.

북사선 공동체를 섬기면서 가장 안타까운 일은 무엇보다 많은 분들이 사랑하는 가족과 함께하지 못한다는 것입니다. 코로나 발생 이전에는 하나원에 정기적으로 방문하여 남쪽으로 이주한 지 얼마 되지 않은 지체들을 만나 더 많은 시간을 보낼 수 있었는데, 코로나 상황이 장기화되면서 하나원 방문 사역이 중단되고, 그곳에 오는 지체들의 숫자도 현저하게 줄었다는 소식을 접하면서 많은 사람들의 안전이 걱정되었습니다. 북사선에서의 섬김이 거듭될수록 드는 분명한 확신은 하나님께서 반드시 통일을 허락하실 것이라는 점입니다. 점점 더 어려워지는 것처럼 보이는 한반도와 그 주변 상황이지만, 북사선에 있다 보면 하나님께서 얼마나 치밀하게 준비하시고, 사람들을 훈련시키고 계신지를 볼 수 있습니다. 북사선 공동체가 아니라면 결코 그러한 확신을 갖기 어려웠을 것입니다. 저 역시 부족하지만 하나님께서 이 귀하고 아름다운 공동체에 보내신 이유가 분명히 있을 것이라 믿고, 주어진 사명에 순종하여 한반도의 통일과 하나님 나라의 확장에 조금이라도 기여할 수 있기를 소망합니다. 이를 위해 당장 주변의 북한 지체들의 진정한 친구가 되겠습니다.

(서울특별시)

　북한에서 보낸 20여 년의 삶은 내가 아닌 나로 살아야만 하는 시간이

었습니다. 죽을 만큼 힘들었기에 죽기를 각오하고 한국으로 오게 되었지만, 그 과정은 물론 한국에서의 살아내는 시간들이 너무 고됩니다. 제가 마주하는 세상은 결코 친절하지 않습니다. 나를 찾기 위해 고민하던 끝에 당장 할 수 있는 것들을 시작했습니다. 상담심리학을 배웠고, 2년간 불교대학을 다니기도 했습니다. 나를 찾고 행복해지고 싶다는 바람을 학문을 통해 찾고자 한 것입니다. 과거의 상처들을 되돌아보면서 나자신을 이해하고 수용하게 되었지만, 부모님과의 관계에서 결핍되었던 사랑은 항상 내 마음 한가운데 뻥 뚫려 있는 듯, 채우려 해도 채워지지 않았고, 마음을 시리게 했습니다. 그렇게 시린 마음을 채울 수가 없으니 세상에서는 항상 혼자였고, 노력하지 않으면 얻을 수 있는 것은 없었으며, 오직 나 자신만 나를 구할 수 있다는 생각으로 악을 쓰며 살아왔습니다. 그 삶의 무게가 얼마나 무거웠는지, 30여 년의 인생이 얼마나 길게 느껴지는지, 온 평생을 다 살아온 것 같은 느낌이었습니다. 살아가는 것은 내게 더 이상 축복이 아니었고, 고통 그 자체였습니다.

그러던 중, 나는 신에게 질문했습니다. "나는 왜 북한에서 태어나야 했습니까? 이 땅에 있는 대부분의 사람들이 살아가는 평범한 삶을, 왜 나는 살아갈 수 없나요? 내가 바라는 것은 소소합니다. 그냥 부모가 옆에 있고, 평범하게 사는 것, 내가 욕심부리는 것도 아니지 않습니까? 왜 그 땅에서 태어났다는 이유로 이런 삶을 살아야 됩니까? 그것은 내가 선택할 수 있었던 것이 아니지 않습니까?" 신에게 나를 태어나게 한 목적을 알려 달라는 질문을 오랫동안 계속했습니다.

　그러던 어느 날, 전혀 알지 못하는 교수님으로부터 상담자로서 전문성을 가지기 위해 더 배울 의향이 있는지 제안을 받았고 그렇게 그분과의 인연이 시작되었습니다. 온라인 수업이지만 성실하지 않으면 가차 없이 혼을 내는 무서운 스승님과 사제지간이 된 것입니다. 자신이 다니는 사랑의교회 북사선에 함께 가자고 권하셨을 때, 용기를 내어 교수님과 같은 교회는 다니기 힘들 것 같다고, 휴일도 쉬지 못하고 눈치 봐야 할 것 같다고 농담 반 진담 반 말씀드렸습니다. 그러나 교수님의 따스한 마음을 알기에 북사선으로 발걸음을 옮기게 되었습니다. 수업 때는 그렇게 호랑이 같던 교수님이, 주일에는 마냥 따뜻하고 좋은 할머니 같았습니다. 그뿐만 아니라 다락방에서 순장님, 순원들과 함께 하는 시간은 시린 마음을 온기로 조금씩 조금씩 채워주었습니다. 하나같이 어렵고 힘든 삶을 살아가지만, 믿음으로 견뎌내는 모습은 항상 큰 감동을 주었습니다. '저들이 저렇게 할 수 있는 힘의 근원은 무엇일까? 내게 신이란 감당하기 힘든 삶을 준 존재인데, 저들이 믿는 예수님은 대체 어떤 분이지?' 하는 궁금증이 끊임없이 생겨났습니다. 그리고 그런 궁금증들은 서서히 변해 갔습니다. "아, 하나님은 나를 사랑하셨구나. 그래서 나를 북한 땅에서 이곳으로 인도하셨구나"를 깨닫게 되었습니다. 이제 나에게 하나님은 배우고 싶었던 것을 마음껏 배울 수 있도록 인도해 주셨고, 치유자가 되어 꿈과 소망을 갖게 해 주신 분입니다.

아직 북한 땅에는 많은 사람들이 여러 이유로 죽기도 하고, 죽지 못해 살아가고 있습니다. 그리고 탈북을 시도한 많은 사람들이 잡혀가거나 목숨을 잃었습니다. 그들이 그렇게 살고 싶어 했던 오늘을, 저는 살아가고 있는 것입니다. 꿈과 소망을 갖게 되었고, 전에는 전혀 생각지 못했던 새로운 많은 것을 배우고 느끼고 있습니다. 이 모든 과정에서 언제나 도움을 주는 하나님의 사람들이 있습니다. 무엇을 해야 될지 모를 때 신학상담대학원을 소개해 줬던 자매님, 상담가로서 전문성을 배워 탈북민들을 치유해 주는 상담사가 되라고 이끌어 주신 교수님, 고단한 삶으로 인해 고통 속에 몸부림칠 때 하나님을 바라볼 수 있도록 항상 함께 기도해주신 순장님과 순원들…. 모두 제 꿈을 저보다도 더 응원해 주시는 하나님의 사람들입니다.

그분들의 마음은 내가 나를 사랑하는 것보다 더 크고 깊습니다. 그분들을 통해 예수님의 역사하심을 깨닫게 됩니다. 이를 통해 하나님이 나를 얼마나 사랑하시는지 깨닫습니다. 태초에 나를 지으신 분은 하나님이시고, 나를 지으신 하나님께서 나를 부르셔서 이 땅으로 보내셨습니다. 오랜 세월, 그렇게 찾고 싶어 했던 나 자신을 알게 해 주신 것도 하나님이셨습니다. 그것은 나를 나보다 더 사랑해 주신 하나님의 은혜임을 깨닫습니다. 그렇게 찾아낸 나 자신은 하나님이 가장 아끼고 사랑해 주는 자녀, 선택받은 자녀입니다. 하나님은 내 삶의 고통과 눈물을 통해 하나님을 바라보게 하셨고, 하나님을 바라볼 때 사랑을 깨닫게 해 주셨습니다. 저는 이

제 그 사랑으로 치유의 사명을 받은 하나님의 자녀입니다.

　북한에서 보낸 20년이 나 자신을 찾기 위해 온 힘을 쏟는 괴로운 시간들이었다면, 한국에서의 14년은 내가 누구인지 찾아가는 시간이었습니다. 이제 저는 미국 유학의 꿈을 꾸고 있습니다. 더 많은 배움을 통해 하나님이 보내신 치유자로서 성장하려고 합니다. 하나님의 부르심으로 이 땅에 온 저와 같은 분들을 위해서 말입니다. 가고자 하는 그 길에 나의 창조주이신 사랑의 하나님이 함께해 주심을 확신합니다.

(함경북도 온성)

　평남 안주 군수를 지내신 외조부는 미국 장교에게 건네받은 지프 한 대로 군민 400명을 월남시킨 분이십니다. 외조부는 장녀인 어머니와 손녀인 저를 무척 아끼고 사랑하셨습니다. 여덟 살 난 여동생을 등에 업고 인민군의 시체를 밟으며 남한에 내려와 부산 피난살이를 했던 18세 소녀였던 어머니는 선친을 매우 존경했습니다. 북에 남으신 외조모를 매우 그리워하셨는데, 우리 네 남매의 손을 잡고 이산가족 상봉 TV 프로그램을 보시며 한없이 우시던 모습이 아직도 기억에 남아있습니다. 새벽 4시만 되면 일어나 성경을 읽고 찬송을 부르며 기도하시던 모습은 과부가 되신 후에도 늘 변함없으셨고, 지금 어머니의 모습을 보고 있는 것처럼 제 기억 속에 여전히 생생하게 남아있습니다.

나름대로 하나님이 주신 사명에 순종하는 삶을 살면서, "하나님의 마음을 시원하게 해드릴 일은 무엇인가요?"라고 기도한 지 7개월, 지난 16년간 북한 인권 문제와 탈북 사역에 대한 소식을 꾸준히 전달해 주시던 분의 소개로 탈북가정 지원 사업에 첫발을 들이게 되었습니다. 게다가 일터에서 〈탈북민에 대한 이해〉 특강과 〈탈북민 대안학교 영유아 대상 언어/문화/심리정서지원을 위한 그림책 독서치료〉를 접하게 되면서 북한이탈주민 가정의 부모 자녀들의 가족문제의 심각성을 파악할 수 있게 되었습니다.

이렇게 주된 관심 영역이 일터와 교회 밖의 기관이다 보니 영가족 공동체인 사랑의교회 내에서 하는 SENK 프로그램을 2015년이 되어서야 이수하게 되었고, 당시 북사선 담당 교역자를 만나게 되면서 전 영역에 걸쳐 일하시는 하나님의 통일 플랜을 조금씩 맛보게 되었습니다. 팸플릿에 소개된 북사선 프로그램의 네트워크는 거의 완벽해서 북사선에 참여하기만 해도 충분한 체계를 갖춘듯했지만, 기존에 하던 봉사와 겹쳐 매주 참석할 수 없는 것이 안타까웠습니다. 그래서 반석학교/사랑광주리 재정 지원 사역에 동참하는 것으로 얼마간 대신하게 되었습니다. 당시 아침마다 반석학교 학생들에게 죽을 끓여 식사를 제공하고 있었는데, 시설이 여의치 못해서 안타까움을 느끼던 차에 소속된 공동체 식구들에게 공유했지만 별로 관심을 보이지 않았습니다. 그러다 2017년 사역반 지체를 통해 '반석학교가 이전하게 되었고, 시설이 개선되었다'는 반갑고 기쁜 소식을 들어 안심이 되기도 했습니다. 그러다 2022년 북사선 권사님들의 월별 음식봉사팀에 들어가게 되면서 이전한 반석학교의 교무실, 교실, 주방과 학생들의 대입 합격의 소식을 직접 듣고 보게 되었는데, 얼마나 기뻤는지 모릅니다. 반석학교 졸업생이 다시 교사로 돌아와 후학을 위해 애쓰는 모습은 참으로 감동적이었고, 이를 통해 꿈이 나누어지고 세대를 계승하는 것을 보며 더 큰 희망을 가지게 됩니다.

북사선에 들어온 이후, 개인적으로는 바람 잘 날이 없었습니다. 북한이탈 주민들과 하나 되는 것보다 그들을 섬기는 우리가 하나 되는 것이 더 어렵게 느껴질 때도 있었습니다. 여러 우여곡절을 겪으며 지금 정착한 다락방에서는 순장님의 리더십에 감탄하며 감동하고 있습니다. 코로나로 인해서 만날 수 없는 시간이 있었는데, 연령대가 높다 보니 줌을 이용할 수 없어 그룹 톡으로 음성으로만 소통하는 2개월은 정말 견디기 어려웠습니다. 그만큼 함께 얼굴을 마주하고 식사하며 소통하는 다락방 시간이 금쪽같이 귀하다는 것을 경험했습니다. 지난 여름 수련회도 얼마나 즐거웠는지 모릅니다. 순장과 순원들이 함께 소통하며 성령과 은혜가 충만한 시간을 보냈고, 다락방 식구들이 함께 성장해가며 많은 것을 나누는 참으로 은혜로운 시간이었습니다.

내가 있는 그 자리에서 하나님의 선하고 아름다운 뜻만 드러내기 위해 개개인이 그리스도의 장성한 분량에 이르기를 소망합니다. 동시에 탈북민들을 대하는 현장을 더욱 이해하고, 미래에도 지속 가능한 탈북 사역이 더욱 발전할 수 있도록 성령님의 도움을 구하며, 이를 위해 개인적으로도 더욱 성숙해 지길 소원해 봅니다. 내년은 안식년을 맞아 독일과 루마니아를 방문할 예정인데, 지속 가능한 통일 사역은 무엇일지 기대하게 됩니다. 아무쪼록 북사선과 통일 준비 사역에 선하게 쓰임 받는 제가 되기를 기도합니다.

(서울특별시)

때는 17년 전, 기러기 아빠 시절입니다. 추석을 가족과 함께 보내기 위해 출국하는 비행기 안에서부터 가족과 함께 보낸 2주의 시간 동안 잊지 못할 감동이 여러 번 있었습니다. 간절했던 가족들의 기도 응답이었을까요? 저는 귀국하자마자 친구에게 도움을 요청하여 40대 후반의 늦은 나이에 사랑의교회에 출석을 하게 되었습니다. 그리하여 저보다 1년 먼저 예수님을 영접한 가족들과 믿음의 가정을 이루는 큰 은혜를 경험했습니다.

2년 후, 아내와 아이들이 귀국하였고, 자연스레 사랑의교회에 출석하게 되었습니다. 아내는 신앙생활을 시작하면서부터 이전에는 전혀 관심이 없었던 북한을 위해 간절히 기도해오고 있었는데, 사랑의교회에 북한을 위해 기도하는 모임이 있다는 것을 알게 되었고, 기쁜 마음으로 참여했습니다. 물론 저는 북한에 대한 사명은커녕 관심도 없었지만, 부부가 함께 신앙생활을 해야 한다는 설득에 못이겨, 아내를 따라 북사선에 함께 하게 되었습니다.

초기에는 북한에 대한 선입견도 있었고, 약간은 전투적인 공동체 분위기, 겉으로 볼 때 조금은 거칠어 보이는 사람들에 대한 문제로 북사선에 적응하는 데는 시간이 필요했습니다. 4주간의 새가족 교육을 마치고 다락방에 배정되어 순원들과 교제하면서 가랑비에 옷 젖듯 북한에 대한 관심을 조금씩 갖게 되었습니다. 이렇게 북사선을 향한 첫걸음을 내디뎠습니다.

2년의 시간이 지나고, 제자훈련을 마쳤습니다. 그리고 사역훈련을 시작한 지 얼마 지나지 않아 북사선의 순장으로 파송 받는 은혜를 주셨고, 띠동갑인 70년생 무산 출신 형제를 순원으로 다락방을 시작하게 되었습니다. 아내와 두 아들을 북에 두고 홀로 남한으로 이주한 형제였는데, 북한에서는 농과대학을 졸업했다고 했습니다. 그 형제와 어떻게 친해질지, 어떻게 하면 더 가까워질 수 있을지, 어떻게 해야 복음을 효과적으로 전할 수 있을지 고민을 많이 했습니다. 설렘과 동시에 염려도 있어서 여러 생각이 교차했습니다. 무엇보다도 거리감을 좁히고 소통이 필요하다는 생각에, 가능한 같이 있는 시간을 늘리고, 혹여 불편할까 봐 신상을 캐는 듯 느껴질 법한 질문들은 의도적으로 피했습니다. 대신 일상의 대화를 나누며 공감하려고 노력했습니다. 공동체 예배와 다락방이 끝나면 항상 카페에서 1시간 이상 대화를 나누었고, 조금 가까워졌다 싶었을 때는 심방 차원에서 집을 방문했습니다.

그때 그 형제는 가족과 생이별한 채 홀로 지내는 처지라 그런지 밑반찬을 조금씩 준비해 가면 참 고마워했습니다. 어느 추운 겨울날, 그날은 눈이 내렸습니다. 갑작스럽게 연락해 그의 집 근처에서 갈비탕을 먹은 적이 있는데, 마침 집에 먹을 것이 없어 무엇을 먹을까 고민했다며 좋아했습니다. 많은 추억들을 함께했고, 지금은 북에 있던 아내와 두 아들을 무사히 데려와 수원에서 정착하여 살고 있습니다. 당시 중고생이었던 두 아들은 이제 대학생이 되었고, 그 형제는 어엿한 양계 농장의 사장이 되었습니다. 그리고 지역 교회에 열심히 출석하며 잘 정착했습니다. 그 과정에서 물론 어려움도 있었고, 어느 정도 가까워졌고 소통이 원활해졌다 싶었는데, 도무지 이해할 수 없는 행동으로 인해 제 인내가 바닥을 드러냈던 적도 있었습니다. 어떤 때는 감당할 수 없다고 느꼈고, 포기하고 싶기도 했지만, 지금은 이 모든 것을 합력하여 선을 이루어 주신 하나님께서 이끌어 주셨음을 믿습니다.

이후 형제는 지방으로 이주했고, 저도 개인 사정으로 북사선을 2년 정도 떠났다가 다시 복귀했는데, 귀한 동갑내기 북한 형제와 일대일 다락방을 2년 정도 섬기며 은혜를 나눌 수 있었습니다. 이 기간 동안 하나님 안에서 많은 교제와 대화를 나눌 수 있었고, 북한에서 이주한 분들에 대해 조금 더 알게 되었습니다. 지금은 존경하는 북사선의 목사님, 동역자들과 평안한 신앙생활을 하고 있습니다. 지난 시간을 다시 뒤돌아보며, 인생의 후반전에 접어든 제게 하나님이 주신 사명은 무엇이며, 어떻게 살아야 할지 고민하면서 한 걸음 한 걸음 걸어가고 있습니다.

(대구광역시)

2015년 SENK(북한선교 교육과정)와 TENK(북중 접경 지역 선교 현장방문) 과정을 마치고, 1년 후 북사선에 등록했습니다. 하나원을 처음 방문한 것은 2018년 4월의 일입니다. 이곳에서 북에서 오신 분들은 정서 안정 및 문화적 이질감 해소, 진로지도 및 직업탐색 등의 사회 적응 교육을 3개월간 받게 됩니다. 매주 일요일 오전에는 종교 시간이 있는데, 기독교와 불교, 천주교가 들어와 있어서 교육생들이 어느 종교든 자유롭게 선택해서 참석할 수 있습니다. 교육생 중에는 세 종교에 모두 가봤다는 분들도 있었습니다. 이 시간에 하나님을 모르는 교육생들이 다른 종교

모임에 가지 않고 기독교 예배에 많이 참여하는 것이 정말 중요합니다.

　예배 후에는 소그룹 모임을 갖는데, 저희가 일일 순장이 되어 인도합니다. 그분들과 대화하면서 자연스럽게 예수님을 만나게 된 계기, 기도의 응답 등 하나님의 자녀로 살아가는 우리 삶을 나눕니다. 이분들은 우리 이야기를 순수한 마음으로 잘 들어주고, 아직은 하나님을 잘 모르지만 믿어보고 싶다고 말을 하는 사람도 간혹 있습니다. 중국에서 지인의 소개로 교회에 가봤다는 사람도 있고, 성경이나 교회, 헌금 등에 대해 질문하기도 합니다. 모임을 마칠 때 "무엇을 위해 기도해 드릴까요?" 질문을 할 때면 말을 별로 하지 않고 조용히 있던 사람들도 본인의 건강과 가족의 안전을 위해서, 혹은 한국에 잘 정착하도록 기도해 달라고 부탁하곤 합니다. 그런 분들께 아직 하나님을 믿지는 않아도 기도해 드리겠다고 하면 정말 좋아하십니다.

　남자 교육생들은 한국의 남자 성도들, 특히 청년층에 관심이 많습니다. 학교는 어디까지 다녔는지, 전공은 무엇인지, 직업이 무엇인지, 본인들이 이 땅에서 어떤 직업을 가질 수 있을지에 대한 현실적인 고민들을 말하곤 합니다. 20대의 젊은 친구들은 공부에 관심이 많고, 퇴소 후에는 반석학교에 입학하여 대학에 진학하는 학생들도 있습니다. 여자 교육생들도 크게 다르지 않습니다. 물질에 대한 걱정, 자녀를 데려와야 하는 걱정, 연로하신 부모님의 건강 걱정, 그리고 어느 지역에서 살아야 할지 등,

새로운 환경에 어떻게 적응하며 살아가야 할지에 대한 기대감도 있고, 두려움도 있다고 합니다. 대체로 한국 드라마를 통해 한국의 겉모습은 잘 알고 있는듯하지만, 드라마와는 너무 다른 현실을 어떻게 받아들일지에 대해 걱정도 됩니다.

예배에 참석한 분들 중에는 교회에 처음 나온 사람들이 대부분입니다. 이 시간에 그들에게 어떤 역사가 일어날지 저는 알지 못합니다. 그렇기 때문에 가기 전에 기도가 많이 필요합니다. 그분들은 하나님을 꼭 만나야 하는, 잘 준비된 영혼입니다. 3개월의 교육기간 동안 매주 기독교를 선택해서 예배에 참석하고, 이곳에서 세례를 받고 퇴소하더라도 사회에 나와 낯선 지역에서 정착하기도 전에 매주일 교회에 나오는 것은 여러 현실적인 이유들이 있어 쉬운 일이 아니라고 합니다. 그래도 한 번 하나님 믿기로 작정했으니 어떻게든 교회에 나가겠다고 말하는 분들도 있습니다. 정말 귀한 고백입니다.

사실 하나원에 갈 때는 어떤 사람들을 만나게 될지, 무슨 대화를 해야 할지 긴장이 되기도 합니다. 그렇지만 그분들을 긍휼히 여기시는 하나님의 마음이 느껴지기에 기꺼이 발걸음을 뗍니다. 게다가 돌아올 때면 예배에서 받은 은혜로 인해 무거웠던 발걸음은 어느덧 가벼워져 있고, 행복을 느낍니다. 짧은 시간 동안 많은 것을 하지는 못하지만, 그분들이 사회에 나와 살면서 힘들 때, 외로울 때 하나원 교회에서 만났던 하나님을 기억하고 가까운 교회에 나가기를 바랄 뿐입니다. 그리하여 예배를 통해 하나님께 위로받고, 다시 일어설 힘을 얻으면 좋겠습니다. 제가 믿고 의지하는 하나님이 그분들의 하나님이 되기를 소망해 봅니다.

(전라남도 보성군)

쥬빌리통일구국기도회

쥬빌리통일구국기도회는 "복음적 통일은 우리가 함께 모여 기도할 때 주시는 하나님의 선물"이라는 핵심가치를 가지고 하나님의 절대 주권을 인정하는 '희년(쥬빌리)' 정신 위에 '피 흘림 없는 복음적 평화통일', '나라와 민족'을 위한 '구국' 기도회를 하는 순수한 '기도' 운동입니다.

국내 20개 지역과 해외 18개 국가, 도시에서 정기적으로 기도회를 진행하고 있고, 78개의 참여 단체가 하나가 되어 하나님의 선물을 간절히 간구하고 있습니다.

이 기도회의 태동은 2004년 1월, 사랑의교회 대학부와 부흥한국이 '부흥을 위한 연합기도운동'을 전개한 데서 시작되었고, 그 후 매주 비가 오나 눈이 오나 일 년 내내 기도의 불꽃을 꺼트리지 않고 있습니다.

쥬빌리통일구국기도회는 모체가 되는 사랑의교회에서 매주 목요일 오후 7시 20분, 은혜채플에서 정기 기도모임을 갖고 있습니다.

쥬빌리통일구국기도회 웹사이트 - www.jubileeuni.com

꽃제비

　　꽃제비는 대한민국 내에서 조선민주주의인민공화국(이후 '북한')의 가난한 어린이들을 일컫는 말이다. 현재로서는 러시아어 '코체비예(кочевье 유랑, 유목)'나 '코체브니크(кочевник 유목자, 방랑자)'에서 유래했다는 의견이 유력하다고 알려져 있으나, 어원과 등장 시기가 확실치는 않다. 우익 성향의 언론인들은 이 단어가 1985년 이후 경제난이 심화되면서 널리 사용되었고, 1990년대의 북한을 상징하는 단어가 됐다고 주장한다. 하지만, 꽃제비 설은 일본인 언론인에 의해 처음으로 쓰인 용어로, 조선민주주의인민공화국 내에서 실제로 쓰이는 개념인지, 그 실체가 있는지에 대해 증명이 되지 않았기에 학술적으로 인정되는 개념은 아니다.

- 위키백과에서

Episode 3

이들과, 사랑에 빠졌어요!

Episode 3

이들과, 사랑에 빠졌어요!

사랑의교회 북한 사역에 몸담은 지 17년. 언제부터 북한 선교에 대한 마음을 품었는지 돌아보게 되었습니다. 북한과 아무런 관계도 없고, 북한에는 아무런 연고도 없는 제가 고3 때 예수님을 구주로 영접하고 성령 체험을 한 이후부터였던 것 같습니다. 그때부터 기도를 할 때마다 한 민족임에도 서로 총칼을 겨누고 원수처럼 지내는 상황이 가슴 아프게 느껴지기 시작했습니다. 그 후 사랑의교회에서 결혼을 하고 아이를 키우고 나이를 먹으니, 남은 삶은 주님을 위해 살아야겠다는 마음이 들기 시작했고, 제자훈련과 사역훈련을 수료한 후 지역 순장으로 섬기게 되었습니다. 그러나 마음 한구석에는 지역 순장도 귀하지만 뭔가 내가 해야 할 일이 있을 것 같은 느낌이 들기 시작했습니다. 기도 제목도 어떤 섬김의 자리에 있어야 하는지 묻는 것으로 바뀌기 시작했습니다.

몇 년의 세월이 지나고, 교회 주보에 북사선에서 순장을 모집한다는 광고 글귀를 보고 가슴이 뛰기 시작했습니다. 북한을 늘 무섭고 두려운 곳으로 생각했었기에, 반공 사상이 투철했던 나는 북한의 지하 교회를 위해 기도는 하지만, 직접 섬기는 일에는 막연한 두려움이 있었는지도 모르겠습니다. 30대 후반부터 한 달에 한 번씩 모여 성경 공부도 하고, 기도를 하는 모임이 있는데 하루는 은퇴 후에 어떻게 살고 싶은지에 대한 이야기를 나누게 되었습니다. 각자 자신의 소명을 이야기하고 제 차례가 되었을 때, 나도 모르게 불쑥

"통일되면 고통받는 북한 지하 교회 성도들을 위로해 주는 삶을 살고 싶어, 그리고 그들을 위해 밥해주고 싶어"라고 말을 했습니다. 내 말을 가만히 듣던 한 친구가 요즘 읽고 있는 책이 있다며 주었습니다. 그 책은 탈북 여성이 탈북 과정에서 믿음을 갖게 된 내용과, 중국에서의 고단한 삶을 기록한 내용이었습니다. 그 친구는 내게 이렇게 말했습니다.

"통일될 때까지 기다릴 게 뭐 있어, 지금부터 하면 되지."

집에 돌아와서 책을 읽는데 경험해 보지 못했고 상상할 수도 없는 일들이 북한에서 일어나고 있었고, 북한 주민들은 그 고통을 고스란히 받고 있다는 것을 알게 되었습니다. 그때까지만 해도 북한에 대해 전혀 알지 못했기에 북한 주민들의 실상을 알기 위해 서점에서 북한에 대한 책을 찾아보기 시작했고, 그들의 삶을 간접적으로 경험할 수 있었습니다. 이후

북사선에 가는 것이 과연 주님이 주신 사명인지 확신을 갖기 위해 기도원에 갔는데, "너는 우는 자들과 함께 울라"는 로마서 12장 15절 말씀이 선명하게 심장에 박히는 듯한 느낌을 받았습니다.

"주님이 가라 하시면 가겠습니다. 그러나 남편과 자녀는 주님이 책임져 주세요"라는 간절한 기도를 드리고 그 주에 북사선 예배 장소를 찾아갔습니다. 교회 근처 자그마한 식당에서 남북한 성도들이 예배를 드리는 모습을 보게 되었는데, 아마도 그때가 처음 북한 지체들을 본 경험인 듯합니다. 예배당이 아닌 식당에 앉는 순간, '내가 있어야 할 곳이구나' 하고 느꼈습니다.

하지만 집에 돌아온 이후 북사선 예배 장소에 가는 것이 부담스럽게 느껴졌고, 주저하게 되었습니다. 소파에 앉아 남편에게 '내가 북사선에 가야 하는 이유 세 가지'를 말해 달라고 했습니다. 남편은 정리하여 그럴듯한 세 가지 답변을 해 주었습니다.

첫째, 기도 응답받았다면, 그것은 주님의 부르심이다.
둘째, 북사선에 가지 않으면 몸이야 편하겠지만, 마음은 더 힘들 것이다.
셋째, 지역 순장은 많지만 북사선의 순장이 부족하다면 당신이 가는 게 하나님이 기뻐하시는 일이다.

남편은 북사선으로 선뜻 향하지 못하는 나를 붙들고 4주 동안이나 이 이야기를 해주며 다독거려주었습니다. 나를 북사선으로 보낸 남편은, 지금까지도 북사선 일이라면 물심양면으로 도와줍니다. 합력하여 선을 이루라는 말씀에 남편뿐 아니라 우리 가족 모두가 북사선을 후원하고 있습니다.

주일마다 갈등의 시간을 보낸 후, 북사선 다락방 순장을 하게 되었습니다. 마흔 후반에 다섯 명의 북한 지체들을 맡게 되었는데, 내 속에서 신기한 일이 일어나기 시작했습니다. 이들과 사랑에 빠져 버린 것입니다. 무엇을 하든지 다 이해되고, 용납되며, 그들을 위해 매일 울면서 기도한 것 같습니다. 북한 지체들에게 은혜를 주시고, 그들의 상처를 치유하시고, 이곳에서 잘 정착하여 예수님 잘 믿고 교회에서 리더로 성장할 수 있게 해달라고 하나님께 간절히 기도드렸습니다. 감사하게도 처음 맡았던 북한 지체 순원들 가운데 두 사람이 순장으로 세워졌고, 지난 가을에는 사랑의교회 최초로 북한 지체 권사가 탄생했습니다.

반석학교 이야기를 해볼까 합니다. 반석학교는 남한의 대학교에 진학하기 위해서 탈북 학생들이 다니는 정부인가 대안학교입니다. 초기에는 탈북 학생 한 명이 공부하고 싶다고 해서 시작했던 것이라 환경이 열악했습니다. 그중에 가장 큰 문제가 식사였는데, 어느 날 학생들이 밖에서 끼니를 해결한다는 말을 듣고는 마음에 불편함이 들었습니다. 한 학생에게 가장 먹고 싶은 음식을 물어보자 닭볶음탕이라 했습니다. 이 말에 청년 교구장들과 함께 어떻게 학생들에게 밥을 먹일 수 있을지 생각했습니다. 조리실이 없으니 집에서 조리기구들을 가져와야 했고, 학교 지하에서 전 부치고, 고기 굽고, 찌개를 끓여, 집에서 가져온 반찬과 함께 식사를 같이하는 식구가 되어갔습니다. 이렇게 밥을 해 먹이다가 반석학교에 기숙사가 생겼고, 주방도 생겼습니다. 지금은 7명의 권사가 마음을 모아 한 달에 한 번 집에서 음식을 준비해와서 학생들과 함께 식사를 나누고 있습니다.

대단한 데서 시작한 일은 아닙니다. 이 좁은 공간에서 외롭게 지내는 아이들이 얼마나 힘들까 생각해 보니, 아이들에게 친척이자 이웃이며 엄마가 되어주자 했고, 하루만이라도 아이들에게 명절 같은 느낌을 주고 싶었던 마음이 다였습니다. 한 아이가 이런 말을 했습니다.

"권사님들이 오실 날을 설렘으로 기다리게 됩니다. 그날이 되면 맛있는 것도 먹고 우리들을 찾아주는 엄마 같은 분들을 뵐 수 있어서 행복합니다." 닭볶음탕을 먹고 싶다는 아이의 말과 더불어 시작된 식사 봉사는 그렇게 13년 동안 지속되었고, 나는 아이들에게 '닭볶음 권사'로 불렸습니다. 졸업생들이 반석학교의 생활을 이야기하면서 매달 집 밥을 먹을 수 있어서 행복했다고 할 때면 제가 오히려 행복해집니다. 참 감사한 일입니다.

북한 지체들과 지내다 보면 여러 가지 도울 일이 생기는데, 특히 아프거나 병원에 입원했을 때, 혹은 해결하지 못할 고민이 있을 때 부모와 같은 마음으로 함께해 주는 것이 큰 위로가 되는 것 같습니다. 오래전 지체 중 하나가 몸이 안 좋은 상태로 탈북했다가 남한에서 치료를 받고 건강해졌습니다. 이후로 그는 남한에서 어려움을 겪는 탈북자들을 돕는 귀한 일을 하게 되었습니다. 그러다 보니 자신의 몸을 돌보지 못한 채 무리를 했고, 북한에서 아팠던 부분이 재발하게 되었습니다. 몇 주째 교회에서 안 보여서 어느 날 안부차 전화를 했다가 병원에서 퇴원했다는 말을 들었습니다. 밥을 잘 챙겨 먹어야 빨리 회복될테니 먹고 싶은 것을 사 먹으라고 말했습니다. 그 친구는 된장국을 먹으면 입맛이 돌아올 것 같다고 했고, 나는 빨리 근처에 있는 식당을 찾아 밥 먹고 힘내라며 통화를 마쳤습니다. 그때 내 마음속에서 질책하는 소리가 울려 퍼졌습니다.

"겨우 한다는 말이 식당 가서 밥 잘 챙겨 먹으라고? 네 자녀라면 그렇게 말하겠니?"

나는 얼른 슈퍼로 달려가 재료를 사서 이것저것 음식을 만들어 퀵서비스로 보냈습니다. 음식을 받아본 그 친구는 생각지도 못한 음식을 받고 엄마의 사랑을 느꼈다고 연락을 주었습니다. 그 후로 아이들이 아파서 음식 먹기가 어려울 때면 집에서 음식을 만들어 가져다 주곤 합니다. 이렇듯 우리 공동체는 엄마와 같은 돌봄이 곳곳에 필요한 곳입니다. 혼자 지내는 북 지체들에게 내가 해줄 수 있는 것은 따뜻한 음식을 만들어 나누고, 이야기를 들어주며, 함께 4년 동안 기도하는 것입니다. 아무쪼록 나의 이런 작은 섬김이 그들에게 위로와 힘이 되면 좋겠습니다.

(전북 군산시)

학교에서나 배웠고, TV에서만 보았던 북한 사람과 처음으로 만난 것은 1990년대 남편이 해외로 파견근무 갔을 때였습니다. 포르투갈에서 세계 청소년 축구 경기가 열렸는데, 이례적으로 남북한이 연합하여 한 팀을 이뤄 출전하였고, 남북연합 경기를 응원하기 위해 포르투갈에서 살던 한국 교민과 북한 교민들은 경기 때마다 만나게 되었습니다. 물론 첫 만남은 낯설었지만, 함께 응원도 하고 식사도 하면서 같은 동포라는 생각이 들었고, 만날수록 정이 들면서 다음 만남을 설레는 마음으로 기다렸습니다. 많은 시간이 흘렀지만 그때의 기억은 마음에 깊이 남아 결국 북이 고향인 분들과의 인연은 사랑의교회 북사선 공동체를 통해 이어지게 되었습니다.

북사선에서 처음 참여했던 다락방에서 매주 하나님의 말씀을 배우며 기도하는 시간을 가졌는데, 서로의 아픈 사연들을 나누고, 함께 울고 웃으면서 저희는 가족과 같이 가까워질 수 있었습니다. 순장님은 모든 면에서 따뜻하고 좋은 모델이 되어 주셨는데, 언제나 한결같은 모습으로 모든 순원 한 사람 한 사람에게 진심으로 다가가 다정하게 마음과 정성을 다해 주시는 분이었습니다. 저희가 항상 빼놓지 않고 기도했던 제목 중의 하나는 피 흘림 없는 복음적 평화통일이었고 지금도 동일한 꿈을 꾸며 그날이 속히 오기를 기도합니다.

그러던 제가, 북사선에 온 지 일 년도 안 되어 다락방 순장이 되었습니다. 긴장되고 떨리는 마음으로 남북한 지체들을 순원으로 만났던 첫 시간의 기억이 아직도 생생합니다. 순원들과 마음을 모아 중보하며 기도했는데, 감사하게도 그때마다 주님께서는 풍성한 위로의 응답을 주셨습니다. 특히 북에 두고 온 형제와 부모, 가족들을 속히 만나게 해달라는 애절한 기도를 할 때면, 하나님께서 이뤄주시는 그날이 꼭 올 것이라는 확신과 위로를 느낄 수 있었습니다.

북사선 내에 있는 북한 지체들은 하나님께서 통일을 준비시키시기 위해 남한으로 먼저 보내주신 귀한 분들이고, 피 흘림 없는 복음적 평화통일을 위한 선발대라고 생각합니다. 이렇게 남한에 오신 분들이 주님의 군사로 훈련을 받고 준비되면 하나님께서 그분들을 귀하게 사용하실 것입니다. 그리고 그분들이 그런 복음의 길을 여는 주님의 선봉장이 될 수 있도록 남한 성도들은 함께 생활하며 중보하고 영가족이 되어 주어야 합니다. 이것이 하나님이 원하시는 모습이고, 또한 하나님을 기쁘시게 하는 모습이라고 확신합니다.

지금도 불철주야로 뛰어다니며 북사선을 위해 챙기시고 애쓰시는 교역자님들과 교구장님들, 순장님들과 함께할 수 있음에 감사하며, 결국은 통일을 이뤄주실 하나님께 감사드립니다.

(경기도 수원)

"우리의 소원은 통일, 꿈에도 소원은 통일🎵"

초등학교 때부터 늘 불러왔고, 너무나도 익숙하지만, 통일이나 북한에 대해서는 실제적으로 아는 것이 별로 없었습니다. 처음에 호기심으로 조중 접경 지역 단기선교를 다녀왔습니다. 벌써 14년의 세월이 흘렀습니다. 그때 압록강 이 편에서 강 건너 북한 땅을 보며 기도하며, 북한 사역에 조금이나마 마음을 품게 되었습니다. 그 후 시간이 흘러 2016년, 북한에 관한 교육이 있어 신청을 했고, 심도 있는 교육을 들으며 동포임에도 이렇게 모르고 있었구나 알게 되었습니다. 그때 같은 조에 배정된 북에서 오신 집사님이 있었는데, 북에서 오신 분을 만난 건 태어나 처음 있는 일이었습니다. 북한의 현실에 대한 여러 이야기를 듣게 되었고, 같은 해 여름, 중국을 거쳐 접경 지역을 방문하는 단기선교를 통해 엄마 같은 집사님과 더욱 친해지게 되었습니다. 탈북하게 된 과정, 북에서의 생활과 남한에서의 생활, 예수님을 만나기까지의 10여 년의 세월, 남한 정착기까지 들으면서 북에서 이사 오신 또 한 분의 엄마를 만난 듯했습니다. 집사님과는 지금까지 기도의 동역자로 교제하며, 믿음 안에서 또 다른 모녀 관계로 든든하게 함께하며 살아가고 있습니다.

SENK(북한선교 교육과정)를 신청한 분들이 교육과정을 수료하기 위해서는 북사선에서 예배를 드려야 합니다. 그렇게 첫 예배를 시작으로 지금까지 계속 예배를 드리고 있는데, 처음 6개월은 매주 울었습니다. 탈북한 지체가 아닌 분들도 이런 간증을 많이 하는데, 안 울려고 해도 왜 그리 눈물이 나던지요. 이때 흐르는 눈물은 아마도 성령님이 함께 울어 주신 눈물이 아닐까 싶습니다.

그렇게 북사선 예배를 드린지도 3년이 지나 새 가족을 섬기게 되었습니다. 그 안에서 매주 만나는 북에서 이사 온 청년들은 너무 맑고 순진한 청년들이었습니다. 그들은 반석학교를 다니면서 가치관이 많이 변하게 되는데, 그들이 받은 자본주의의 첫인상 중에 가장 신기했던 것은 은행에 돈을 맡기는 것이었다고 합니다. 은행을 믿을 수가 없어서 처음에는 은행에 돈이 들어오면 그 돈을 찾아서 이불 밑에 숨겨두기도 했고, 교통카드라는 것으로 지하철을 공짜처럼 타는 게 도대체 이해가 안 되었다고 합니다. 그리고 이들 중에는 죽어도 예수님이 믿어지지 않는다고 말하며 천지개벽이 일어나면 모를까 절대로 예수님을 믿을 수 없다고 강하게 주장했던 청년들도 있었습니다. 그런데, 그랬던 청년이 몇 달 후 스스로 교회 본당에서 예배를 드린 후 새가족반 교육을 이수하고 북사선에 찾아온 적이 있었습니다. 어떻게 교육을 받았는지 물어보자, 몇 달 지내면서 교회 집사님, 권사님들과 반석학교 선생님들 모습을 보니 하나님이 계신 것 같아 스스로 나오게 되었고, 새가족 교육도 받게 되었다고 말했습니다. 그때 저는 북사선 새가족반에서 섬기며 하나님이 통일을 준비하기 위해 먼저 준비된 청년들을 보내신 것 같다는 생각을 절실히 했습니다. 청년들과 함께하는 것은 큰 행복이고, 통일이 되면 이 청년들이 각 분야의 지도자로서 역할을 하리라 생각하니 마음이 많이 설렙니다.

오래전부터 꿈꾸며 기도해온 것이 있는데, 통일이 되어 북한에 교회가 세워지면 성경 100독 사관학교 과정을 북한의 청소년, 청년들과 함께 해보고 싶습니다. 피 흘림 없는 복음적 평화 통일이 하나님의 때에 이루어져, 한반도가 예수님만 섬기고 찬양이 넘치며, 세계선교를 마무리하는 나라가 되길 오늘도 꿈꾸고 기도해 봅니다.

(전북 고창군)

젊은 시절, 민족 분단을 새삼스럽게 인식하며 막연히 통일이라는 단어를 되뇌면서 고민하던 때가 있었습니다. 남과 북이 막힌 벽을 열고 그 열린 문을 통하여 왕래하는 것을 보며, 곧 하나가 될 것만 같아 가슴이 벅차고 설레기도 했습니다. 그러나 곧 다가올 것 같았던 한반도의 봄은 여름과 가을을 지나지도 못하고 다시 겨울로 돌아가버리고 말았습니다.

믿는 자의 소망은 이곳에 있지 아니하고 하나님 나라에 있기에, 사랑과 자비가 풍성하시고 전능하신 만군의 여호와 하나님이 참된 진리의 복음이 흘러갈 복음의 대로를 여실 것을 믿습니다. 북한을 향한 복음의 대로를 이루는 데, 제가 져야 할 십자가를 묵상해 봅니다. 이 길을 따라 사랑의 물결, 섬김의 물결이 흐르고 흘러, 나누어진 사람의 마음을 봉합하고, 마침내 주님의 깃발이 높이 세워질 것을 그려봅니다. 열방이 주의 빛나는 깃발을 바라보며 우리 가운데 살아계셔서 역사하시며 밝게 빛나는 찬란한 주님의 영광 앞에서 온 세상은 전능하신 하나님을 노래하게 되겠지요.

2018년, 제자훈련과 사역훈련을 각각 마치고 이 땅에서 내 십자가를 지고 주님을 따라야 하는 길은 무엇일까 고민했습니다. 내가 가진 퍼즐 한 조각은 주의 퍼즐 속 어느 곳에서 어떤 모습으로 빛나야 하는지 묻다가 북사선을 찾게 되었습니다. 아는 사람 하나 없이 북사선 예배에 참석하던 날, 첫 예배는 왜 그리도 낯설고 어색했는지 모르겠습니다. 그러다 예배 중 "이 산지를 내게 주소서", "이 땅의 동과 서 남과 북"이라는 찬양을 할 때는 왜 그렇게 눈물이 나던지요. 눈물을 흐르게 하신 그분이 '나의 마음, 나의 시선이 여기 있노라' 하는 것 같았습니다. 그처럼 낯설고 어색하게 북사선으로 내디딘 걸음은 계속되어 교육 프로그램, 기도회, 야외 모임, 수양회 등에 참석하면서 북사선 공동체에 어우러지기 시작했습니다. 남과 북의 지체들이 함께 찬양함으로 예배하고, 주의 말씀으로 서로를 섬기며 하나가 되어갔습니다. 저는 아직도 누가 북 지체인지 알지 못합니다. 저 또한 특별히 드러남 없이 북사선 모임에 참여하며 그저 순장으로 섬기고 있을 뿐입니다. 북사선에 참여하면 제 삶에 큰 변화가 일어나려나 했지만 모든 것은 그대로입니다. 다만 동역자와 함께 복음의 대로를 만들 수 있게 해 달라고 기도하고 있습니다. 동시에 서로의 아픔을 위로하고 눈물을 닦아주며 주의 사랑을 확인하고 있습니다.

우리는 이미 하나가 되어 주님의 참포도나무에 접붙여진 자가 되었고, 함께 탐스럽고 풍성한 포도 열매로 맺혀가고 있습니다. 그렇게 복음 안에서 하나가 된다면, 언젠가 그 물결이 풍랑이 되어 이 땅의 동과 서, 남과 북을 덮고, 거센 성령의 바람이 저 북녘땅에 불어, 선진들이 눈물과 피로 세운 복음의 역사가 회복되며 부흥할 것을 믿습니다. 묵묵히 그 날을 사모하며 올리는 북사선의 기도와 그 안에서 이루어지는 섬김과 헌신은 주님의 손길을 기다리는 나팔소리가 될 것입니다. 교회는 피 흘림 없는 복음적 평화통일을 꿈꾸며 기도하고, 북사선은 이미 남북이 하나 된 기쁨을 맛보면서 북녘땅에 울릴 나팔과 주님의 영광의 깃발을 준비하고 있습니다. 저는 그 길을 소망하며 동역자들과 함께 호흡하고 있습니다.

젊은 북한 지체들이 주님을 알아가며 믿음 위에 굳게 서서 참 자유를 누리며, 젊은 남한 지체들과 하나가 되는 통일의 은혜가 풍성하도록 준비하는 버팀목이 되고자 합니다. 저는 그곳에서 묵묵히 기도합니다. 각기 다른 사연으로 남한에 온 33,815명(2021년 12월 말 기준)의 북한 지체들이 삶의 터전을 이루어 잘 정착하고, 성삼위 하나님의 사랑과 인도하심을 알며, 믿음의 여정을 함께 하기를 간절히 기도합니다.

(전남 광양시)

북사선에서 탈북 여성을 대상으로 일대일 양육 과정 멘토로 섬길 기회를 주신 하나님께 먼저 감사와 찬양을 올려드립니다. 저는 오랫동안 청소년을 대상으로 자기주도 학습과 심성수련, 인성 관련 코칭으로 봉사활동을 해 왔습니다. 2019년경 북사선에 합류하여 교회 내에서 탈북 여성을 만나게 되면서, 주님께서 탈북민을 섬기는 마음을 갖게 하시고 북한 선교에 대한 꿈과 비전을 갖게 하셨습니다. 아무런 자격이 없는 저에게 교회 공동체 내에서 하나님의 일을 할 수 있는 것만으로도 기쁘고 감사했습니다.

그러던 중, 예기치 않게 북사선에서 제공하는 10주간의 멘토 교육을 이수하게 되었습니다. 그 해 가을에 처음으로 매칭된 멘티는 지방에서 대학에 다니던 탈북 여학생이었습니다. 열일곱 살에 남동생과 같이 한국으로 와 고등학교 때 좋은 집사님을 만나서 교회에 다니게 되었다고 했습니다. 그때는 성경 말씀이 무엇인지 몰랐고, 그저 집사님의 도움을 받으며 교회에는 몸만 다니는 상태였습니다. 그러다가 대학 2학년 여름방학 때 자동차가 전복되는 큰 교통사고를 당했고, 온몸을 가누기도 힘들 정도의 대수술을 받았습니다. 이후로도 몇 번의 큰 수술을 받으며 고통과 아픔 속에서 희망 없는 시간을 보냈습니다. 함께 여행 간 한국 친구들의 배신과 오랜 입원 생활로 몸과 마음이 피폐하게 되었고, 우울증까지 찾아오면서 매우 힘든 생활을 하고 있었습니다. 성경을 읽으면서 하나님을 간절히 붙잡고 기도로 하루하루를 버티던 어느 날, 성경 말씀이 그녀의 마음에 들어오면서 은혜를 체험하게 되었습니다. 처음에는 말씀이 잘 안 믿어졌지만 예배를 사모하는 마음을 주셨고, 주일이면 새벽 6시에 첫 버스를 타고 지방에서 사랑의교회 서초 예배당까지 오곤 했습니다. 더 깊이 성경 말씀을 알고 싶은 절박한 심정이 들어 마침 북사선에서 운영 중인 일대일 양육 과정을 신청하게 되었습니다. 양육 과정을 통해 나날이 성경 말씀을 깊이 있게 알아가며 충만하게 부어주시는 은혜도 경험하게 되었습니다. 하나님을 위한 사역에 비전을 갖고 그 힘들다는 제자훈련까지 완주했습니다. 주일예배 때마다 영상 자막을 올리는 봉사활동을 하면서 하나님의 사람으로 변화되며 행복해하는 자신을 발견하고 얼마나 기뻐하고 감사해하던지, 기쁨 충만하던 그 학생의 모습이 지금도 선명하게 떠오릅니다. 자살까지 생각할 만큼 힘들었지만, 하나님의 역사하심으로 새롭게 변해가는 멘티를 보면서 제가 더 많은 은혜를 받았습니다.

제가 만난 또 다른 멘티는 성경을 배우고자 하는 마음은 가득했지만, 워낙 가정에 일도 많고 건강상 탈도 많아서 양육 시간이 너무 오래 걸렸습니다. 그래도 끝까지 포기하지 않고 바쁜 시간을 쪼개서 숙제를 해가며 10주간의 과정을 완주하게 된 것에 주님께 감사 드립니다. 이 자매의 믿음 탐색은 여전히 진행형입니다. 언젠가는 하나님의 시간에 성령의 인도하심으로 말씀을 사모하는 마음을 불같이 일으키며 북한 선교에 중요한 역할을 맡게 되길 기도하고 있습니다.

세 번째 양육 대상이었던 분은 처음 왔을 때 젊은 엄마였는데 당시 함께 왔던 네 살 딸은 어느덧 열세 살이 되었습니다. 딸과 같이 교회에 다니는 모습이 아주 예쁘고, 열정으로 반짝이는 눈빛이 아름다운 분으로 회사에서 회식이 있는 날에도 성경 공부를 해야 한다고 사장님에게 말하는 과감함도 겸비한 자매입니다. 열정적으로 말씀을 배워가는 이 미소 천사를 만날 때면 제가 더 은혜를 받아서, 이런 큰 영광을 주신 하나님께 감사

기도를 드리게 됩니다.

하나님의 시간표에 맞춰 양육 대상자들이 성경 말씀을 배우고, 이를 통해 하나님을 더욱 깊이 알아가며 변해가는 과정을 보면서 다시 한번 하나님의 역사하심을 경험합니다. 양육 대상자 매칭부터 진행되는 모든 과정을 인도하시는 주님을 바라보며 앞으로도 하나님의 부르심에 즉각 순종하고 주신 사명에 최선을 다함으로 하나님께 영광 올려드릴 것을 다짐합니다.

(광주광역시)

종교개혁 500주년이기도 했던 2017년은, 저를 예배자로 부르신 소명 앞에 회개와 대각성의 소중한 선물을 받는 굵직한 분기점이 되는 시간이었습니다. 그동안 북사선 공동체에 와 보기를 원하셨던 어느 권사님의 권유에 북한을 품고 기도하는 것만으로도 충분히 함께 하고 있다고 생각하며 차일피일 미루던 차였습니다.

그러던 중 하나님이 대한민국에 주신 선물, '2018 평창 동계올림픽대회'를 계기로 북한과 열방을 위해 기도하는 마음으로 송구영신예배를 드렸습니다. 한 해를 열며 주신 요한복음 2장의 "위기와 기회"라는 말씀을 통해 내가 감당해야 하는 부분을 순종하며 나아갈 때 나머지는 주님께서 해결해 주실 것이라는 말씀이 강하게 마음에 다가왔습니다. 거기에 마침 새해 아침 뉴스에서 북한이 평창 동계올림픽에 참여하기로 결정했다는 소식을 듣고 얼마나 감사했는지 모릅니다. 이제 내가 해야 할일을 감당해야 한다는 마음으로 그렇게 북사선에서 첫 예배를 드리게 되었습니다.

남북이 복음으로 이미 하나 된 북사선 예배를 드리며 일대일 양육에 참여하여 탈북 청년에게 복음을 나누고, 하나원 현장 체험을 통해 북한 지체들의 정착 과정을 알아가는 시간을 가질 수 있었습니다. 다른 한편으로는 제1회 탈북민 목회자 포럼과 북한의 복음화를 위해 열방의 동역자들과 함께 한, 2018년 서울에서 있었던 'North Korea Lausanne Consultation'에 참여하여 앞서 사역을 해온 믿음의 선배들로부터 국내외 북한 사역의 큰 비전을 보는 시간을 가졌습니다. 그리고 북사선의 SENK(북한선교 교육과정) 스태프로 섬기며 결국 하나님께서는 동방의 예루살렘 평양을 재건하고 남과 북을 하나 되게 하셔서 열방에 축복의 근원으로 삼으실 것이라고 확신하게 되었습니다.

북에서 오신 분들과 함께 생활하며 연합의 기초는 우리 영가족들이 예배자로 먼저 회복되는 것이라는 것을 알게 되었습니다. 북사선은 탈북 목회자와 탈북 지체들이 시공간을 뛰어넘어 이미 하나 된 남북 공동체로서 함께 예배드리고, 앞으로 하나님이 이루실 통일의 예고편을 미리 경험하는 은혜의 자리입니다. 물론 아직 예수님을 개인적으로 알지 못하는 분들도 있지만, 언젠가 살아계신 하나님을 만나 생명의 공동체에 함께할 것이라는 믿음을 가지고 사역하는 선교와 영적 전투의 현장이기도 합니다.

북사선 공동체에 참여한 첫해에 함께 등록한 북한 출신 청년이 있었는데, 아들처럼 여기고 교제하게 되었습니다. 그 친구를 새생명 축제로 인도했으나 결신은 못했습니다. 하지만 반석학교에서 매일 큐티로 하루를 시작하고, 청년 다락방에 소속되어 청년들과 건강한 교제를 나누며 대한민국에 정착하기 위해 검정고시 준비와 아르바이트를 병행하는 등 성실한 모습을 보였는데, 3년 만에 다시 북한으로 돌아가버리고 말았습니다. 목숨을 걸고 탈출했던 그곳으로 다시 재입북한 모습을 보며, 우리가 충분히 사랑을 주지 못했구나 하는 생각이 들어 통렬한 책임감을 느끼고 회개했습니다. 북사선에 주신 사명은 실체 있는 복음적 평화통일을 위해 먼저 준비하고, 우리가 주 안에서 먼저 화목하여 개개인, 공동체와의 화평과 나아가 북한과 화목을 이루어야 함을 다시 한번 깨달았습니다.

지역 다락방의 순장님과 순원들에게도 우리가 대한민국에 태어난 이상, 우리가 할 수 있는 선교가 바로 북한을 향한 것이며, 가장 가까운 북사선에 관심을 갖는 것임을 알리고 소개하고 있습니다. 북사선에서 예배를 드린 지 1년이 지나 북사선 중장년 다락방을 섬기게 되었습니다. 북사선 순장으로 섬기며 같은 언어를 사용하지만, 생각도 가치관도 다른 지체들이 예수님을 믿는 믿음 안에서 하나 되는 기쁨을 누리게 되었습니다. 이렇게 서로 다른 사람들이 세상 가치관에서 자유로워지고, 십자가만 자랑하는 믿음으로 성장하며, 주님께서 가신 길을 배워 북한을 향한 이웃사랑에 대한 훈련을 받는 곳이 바로 북사선 다락방입니다. 북사선을 통해 세상의 기준을 뛰어넘는 사랑과 섬김을 계속해서 실천한 선배들을 본받을 수 있었고, 이를 동력 삼아 북한 선교에 참여하는 마음으로 북사선을 섬기며 통일을 준비하고 있습니다.

2019년은 다락방에 모두 참여하기 어려운 상황이었지만, 그 와중에도 유엔총회가 열리는 때에 맞추어 고성 DMZ을 다녀오는 은혜를 누렸고, 코로나가 창궐했던 2020년에는 탈북 목회자 협의회가 출판한 '통일을 넘어 열방으로'를 훈련 교재로 함께 읽으며 탈북 목회자가 현장에서 경험한 탈북민 사역의 노하우를 공유하는 시간을 가졌습니다. 2022년 여름에는 몇 년 만에 수양회가 열렸고, 코로나 상황으로 중단되었던 아웃리치도 다시 진행할 수 있었습니다. 아웃리치 때는 탈북 목회자가 섬기는 서울 열방교회의 다락방에 함께 참여했는데, 그 시간을 통해 전국에 있는 모든 탈북 목회자의 교회를 알아가고 섬기고 싶다는 마음을 품게 되었습니다. 또한 다락방에 소속된 북한 지체들의 고향 지역을 품고 기도하며, 무너진 성전이 재건되는 하나님의 비전을 품게 되었습니다.

연일 지속되는 북한의 미사일 도발 속에서 내년이면 정전협정 70주년을 맞게 됩니다. 이러한 상황에서 우리에게 주신 하나님 아버지의 마음을 어떻게 알 수 있을까요? 어떠한 상황에도 남과 북을 향한 하나님의 구원 계획은 꼭 이루어질 것을 믿고 피 흘림 없이 이루어지는 민족의 통일을 통해 하나님의 섭리가 잘 전달되면 좋겠습니다. 이러한 마음을 담아 다락방이 모두 모여 금강산으로 향하는 길인 DMZ 땅밟기를 계획했습니다. 그러나 북한의 중거리탄도 미사일이 발사되어 남쪽의 DMZ는 굳게 닫혀 있었고, 우리는 금강산으로 향하는 길목에서 멈출 수밖에 없었지만, 함께 기도하며 군의 비상 상황에 맞춰 군사 상황 이면의 영적 전투 현장에서 깨어있어야 함을 깨닫게 되었습니다.

"이 산지를 내게 주소서"라고 요구했던 갈렙의 신앙 고백을 내 고백으로 여기고 예수님을 따르는 온전한 제자가 될 때, 그리고 북사선 공동체가 통일에 쓰임 받는 순종의 길로 나아갈 때, 개인 차원에서는 믿음의 전성기를 누리고, 공동체 차원에서는 피 흘림 없는 복음적 평화통일을 위해 귀하게 쓰임 받는 축복을 누리게 될 것을 믿습니다.

(서울특별시)

　저는 북한에서 태어나서 18년을 살다가 한국에 왔습니다. 한국에 오게 된 이유는 여섯 살 때 헤어진 어머니가 한국에서 살고 계셨기 때문입니다. 한국에 와서 처음으로 교회에 간 것은 하나원에 있을 때였는데, 하나님을 믿어서라기보다는 주변 사람들을 따라나선 것이었습니다. 하나원을 졸업한 후에는 일반 학교와 반석학교 중 어디를 갈지 고민하게 되었고, 고민 끝에 반석학교를 택하였습니다. 반석학교는 기독교 학교라서 교회에 나가는 학생들이 많았고, 저 역시 교회에 나가는 것이 싫지는 않았던 터라 따라나섰습니다. 반석학교 친구들과 함께 예배드리러 갔던 교회, 그곳이 바로 사랑의교회 북사선이었습니다. 이곳에서 또 다른 가족이 생겼습니다.

　교회에 간 첫날은 새가족부에서 나눔을 했는데 저를 담당한 집사님 한 분이 계셨습니다. 어색함과 낯선 분위기에 몸 둘 바를 몰라 말도 잘 하지 못했지만, 그분은 저의 길라잡이가 되어 이끌어 주셨습니다. 하나님의 존재를 알려주셨고, 예수님과 더 가까워질 수 있도록 도와주셨습니다. 덕분에 저는 북사선에도 정착할 수 있었습니다. 교회에 출석한 지 6개월쯤 지나 저는 북사선 내 주일학교에 나가게 되었습니다. 아직 나이가 어려서 청년부보다는 주일학교가 더 적합할 것 같다는 권유가 있었기 때문입니다. 이렇게 집사님은 새가족부에서뿐만 아니라, 교회에 정착하기까지 제 곁을 지켜주셨습니다. 6개월, 그다지 길지 않은 시간이지만 함께할 수 있어서 행복한 시간이었습니다.

떨리는 마음을 안고 향했던 주일학교에는 훌륭한 선생님들이 저를 기다리고 있었습니다. 선생님들은 주일학교로 오게 된 저를 축하해 주었고 안아주었습니다. 저도 모르게 여러 번 눈물이 났고 이것이 바로 교회 공동체라는 것을 느낄 수 있었습니다. 주일학교에서도 한 달간 새 가족 과정을 이수한 후 새로운 선생님을 만나게 되었는데, 제 또래의 취업 준비생이었습니다. 우리는 샐러드 가게에서 처음 만났습니다. 저녁을 함께 먹으며 어떻게 하나님을 알게 되었는지, 앞으로의 비전은 무엇인지 함께 이야기를 나누었습니다. 이야기를 나눌수록 저의 마음은 활짝 열렸고, 좋은 분이라는 느낌이 많이 들었습니다. 우리는 주일마다 만나 함께 예배를 드리고, 모임을 가지면서 선생님과 학생 사이를 넘어 언니와 동생처럼 지내게 되었습니다. 함께 놀이동산도 가고, 여러 활동과 나눔도 하며 1년을 보낸 후 헤어지게 되었습니다. 물론 슬픈 마음이 컸지만, 우린 영적인 자매로서 여전히 이어져 있다는 사실을 압니다.

이후 주일학교를 떠나 북사선으로 다시 오게 되었습니다. 새로운 다락방에 배정됐고, 새로운 순장님을 만나게 되었습니다. 순원들은 대개 언니, 오빠들이었는데 마음을 열 수 있는 사람이 없었습니다. 관계가 어렵겠다는 불안감이 생겼고, 다락방 시간에는 적극적으로 참여하지도 않았습니다. 주중에 걸려오는 순장님의 전화도 받지 않았습니다. 자꾸 피하고 도망가는 제게, 순장님은 더욱 적극적으로 다가왔습니다. 교회에서 저를 제일 먼저 찾아 반겨주시는 분이 바로 순장님이었습니다. 더 많이 챙겨주고, 아껴주었습니다. 결국 저는 미안한 마음에 다락방 모임에 나가게 되었는데, 조금씩 마음을 열고 보니 웬일인가요, 관계가 하나도 어렵지 않다 느껴졌습니다. 마냥 어렵게 느껴졌던 언니, 오빠들과도 친해졌고, 토요일마다 걸려오는 순장님의 전화를 기다리게 되었습니다. 다락방 시간 역시 즐거운 시간이 되었고, 순원들과 순장님 없는 나의 한 주는 생각하기 어려웠습니다. 어느새 하나로 이어진 하나님의 가족이 된 것입니다.

이외에도 제게 삶의 변화를 가져다준 교회 분들이 많이 계십니다. 짧은 만남이었지만 그들과 함께한 시간은 소중했고, 은혜로웠습니다. 북사선은 이렇게 서로를 소중하게 여기는 하나의 가족 공동체입니다. 제가 이 가족 공동체에 들어오게 된 것 역시 하나님의 뜻이 있었기 때문입니다. 우리는 서로 다르고, 모두를 다 잘 알지는 못하지만, 이제 우리는 하나님과 한 가족이 되었고, 그렇게 된 이상 영원히 함께할 영적인 가족, 즉 떼려야 뗄 수 없는 사이가 된 것입니다.

(양강도 혜산)

2017년 6월 25일, 10주간에 걸친 사랑의교회 북한선교 교육과정의 마지막 시간 '탈북민 라운드테이블.' 사랑의교회 국제회의실 단상에 앉은 탈북민 성도들을 접한다는 것이 참 반가웠습니다. 부부 탈북민 두 분, 남녀 청년 탈북민 등 총 네 분과 함께였습니다. 지금도 그때 들었던 이야기가 머리를 떠나지 않습니다. 부부 탈북민은 잠시 교회를 떠나기도 했답니다. 북한에서 김일성을 숭배하는 주체사상을 강요받는데, 남한에 와서도 하나님을 섬기라고 하니 같은 방식으로 김일성 대신 하나님을 강요받는 것 같아 피해야겠다는 생각이 들었답니다. 이분들을 다시 교회로 오게 한 것은 다락방 순장님의 헌신적인 사랑이었습니다. 전화를 해도 받지 않고, 집 앞에서 문전 박대 당하면서도 눈물로 끝까지 기도하며 포기하지 않은 순장님의 헌신에 감동을 받아 다시 나왔다고 했습니다. 형제 한 명은 북한 인권 증진을 위한 NGO 활동에 열심인 30대 청년이었습니다. 역시 북한 인권에 대해 목소리를 내지 않는 교회가 싫어 떠난 적도 있었지만, 탈북민 전도사님의 끊임없는 설득과 권면으로 다시 교회로 돌아왔다고 합니다. 이 세 분은 그래도 북한 말씨가 느껴져 북에서 오신 분이라는 것을 알겠는데, 20대 자매는 말씨도 외모도 도무지 북한이 고향일 것이라는 생각이 들지 않았습니다. 10대 시절부터 남한 노래나 드라마를 너무도 좋아해서 남한에 왔을 때 적응에 큰 어려움이 없었다고 했습니다. 주변 학생들이 자신을 탈북민이라고 수군댈 때도 그다지 기분 나쁘지 않았다고 할 때는 진짜 북한에서 온 사람이 맞나 싶을 정도였습니다.

　이들을 만난 다음 주가 되는 7월 첫째 주부터 저는 북사선의 일원이 되었습니다. 처음에 막연히 가졌던 기대는 두 가지였습니다. 남한과 북한 출신 성도들이 함께 예배를 드리며 '먼저 온 통일'이라는 미래를 경험한다는 색다른 '예배의 감격'을 누리는 것이었고, 또 하나는 남한 성도로서 북한에서 온 성도들이 잘 정착하도록 실제적으로 돕는 그리스도인으로서 '섬김'의 역할을 할 수 있지 않을까 하는 것이었습니다. 그러나 기대감에 그쳤을 뿐, 실제로는 그렇게 되지 못했습니다.

　처음에는 탈북민들과 함께 예배를 드린다는 것에 다른 느낌이 들었지만, 시간이 지날수록 주일 날 본당에서 드리는 예배와 다를 게 없었습니다. 같은 찬송과 같은 말씀으로 예배를 드릴 뿐, 매주 북한과 통일을 위해 '특별한 찬양'을 부르고 '특별한 설교 말씀'이 선포되는 건 아니니까요. 다만 다른 것이 있다면 그 당시 말씀을 전하시던 북사선 담당 교역자가 탈북민 출신 전도사님이라는 것뿐이었습니다. 그래도 하나님의 인도하심이 있다고 믿고 전도사님과 함께 북사선만의 다락방 성경공부 교재를 만들어보자는 제안에 매주 전도사님의 설교를 질문과 답변 형태로 만드는 작업을 하기도 했습니다. 다락방 청·장년 순장들을 모아 시범적으로 공부해 보기도 하고, 피드백 결과를 반영하여 수정, 보완 작업을 하기도 했습니다. 개인적으로는 시간과 정성을 들인 작업이었지만, 담당 교역자가 바뀐 후에는 없었던 일이 되어버렸습니다. 돌이켜보면 담임목사님과 당회의 승인이나 절차 없이 전도사님과 한 성도가 사랑의교회 북사선에서 사용하는 교재를 만드는 작업을 한다는 게 쉽지 않은 일이었던 것입니다.

'섬김'의 기회도 기대만큼 주어지지 않았습니다. 북사선에 속한 탈북민 성도들이 저에게 자발적으로 와서 "도움을 주세요"라고 말을 걸어줄 리 만무했고, 이미 북한사랑의선교부에 오래 계셨던 권사님, 집사님들이 제게 탈북민들을 위해 물질과 시간을 내어 섬겨 달라고 부탁하시는 일도 없었습니다. 북사선은 예배 공동체이지 탈북민 구호 조직이 아니었습니다. 그래도 다락방 순장님의 제안으로 주중 점심시간을 내어 사랑의교회가 운영하고 있는 탈북 청소년 대안학교인 '반석학교'에 저희 다락방 단독으로 과일, 과자 등 간식을 준비해 방문한 적이 있었습니다. 재학생들과 함께 점심 식사를 하며 잠깐이나마 어떻게 학업을 감당하고 있는지, 장래 진로와 꿈이 무엇인지 대화를 나눌 수 있어서 참 좋았습니다. 북사선에도 마치 반석학교 학생들의 학부모처럼 매주 한 번씩 밥과 반찬을 따로 준비해 점심을 섬기는 권사님들이 계셨지만, 저를 비롯한 다락방 순장님과 순원들은 매일 출근해야 하는 직장이 있으니, 이런 섬김도 저에게는 일회성 이벤트에 그칠 수밖에 없었습니다.

남한에 정착하는 전체 탈북민의 비율이 대략 여성 75%, 남성 25%라는 통계가 말해주듯 북사선 예배에 출석하는 탈북민 성도들도 여성 비율이 월등히 높았습니다. 그나마 청년들은 남성과 여성 비율에 큰 차이가 없지만, 제가 속한 장년 교구는 출석하는 북한 출신 남성 성도들이 드물기 때문에 대화를 통해 삶을 나눌 기회가 많지 않아 남북한이 함께한다는 느낌을 가지지 못할 때가 많았습니다. 그런 연유일까요? 그동안 사랑의교회 장년 성도들 중 많은 분들이 북사선 예배에 다녀가셨지만, 곧 보이지 않게 된 분들도 참 많았습니다.

어느덧 제가 제일 잘하는 것은 매주 빠지지 않고 꾸준히 출석하는 것이 되었습니다. 처음의 어색함을 견디면서 매년 여름과 겨울에 있는 북사선 수양회에 참석했습니다. 명절이면 예배 후 함께하는 명절맞이 게임에도 가급적 끝까지 참석하였습니다. 북사선이 사랑의교회 통일 주간 토요 새벽기도 찬양대에 서거나 강단 행사를 할 때도 같이 참여했습니다. 시간이 흐를수록 특별히 의도하지 않은 자연스러운 만남이 이루어졌습니다. 서로 이름은 잘 몰라도 예배와 다락방 시간에 오가며 눈인사를 하면서 서로의 얼굴을 익혀 가기 시작했습니다.

북사선을 다녀간 북한 출신 성도 분들도 많았습니다. 수양회 때 같은 방을 쓰면서 북한에서 평양에 살았다는 청년과 잠을 쫓아가며 여러 이야기를 나누기도 했지만, 그 이후 좀처럼 다시 만날 기회를 가지지 못했습니다. 북한 출신 성도들은 청년이든 장년이든 거주지나 직장이 교회에서 멀리 떨어져 있는 경우가 대부분이라 물리적으로 매주 출석하기 힘든 경우가 많았습니다. 심지어 수도권을 벗어나 충청도, 전라도 지역에서 오는 경우도 있었습니다. 남한 출신 성도들과 다른 점은 한동안 보이지 않다가도 가끔씩 다시 다녀가곤 한다는 것입니다. 다시 돌아와 북사선에 꾸준히 출석하는 경우도 있고 안 나오다 다시 나오기도 했습니다.

저는 사랑의교회 북사선 예배 공동체 장기 출석 성도가 되어갔습니다. 다른 예배 공동체와는 다른 뭔가 특별한 것을 기대했던 것은 이루어지지 않았습니다. 그 대신 북사선과 함께 저의 믿음이 자라가고 신앙이 자라갔습니다. 예배를 통해, 설교 말씀을 통해 은혜를 받았습니다. 다락방을 통해 순원들과도 은혜를 나누었습니다. 청년이든 장년이든 북한을 고향으로 둔 성도 분들과 편하게 인사하고 안부를 나눌 수 있게 되었습니다. 2007년 사랑의교회 출석 이후 계속 미뤄 놨던 제자훈련, 사역훈련을 2년간에 걸쳐 북사선 출석 성도로서 받았습니다. 그리고 순장 파송도 받았습니다.

2017년 탈북민 라운드테이블 단상에 앉았던 부부 탈북민 성도 중 아내분은 그 후 제자훈련과 사역훈련을 받고 현재 다락방 순장으로 섬기고 계십니다. 그리고 올해 권사 임직을 받으셨습니다. 어디에서든 제가 약간의 농담을 해도 재미있다며 크게 웃어 주십니다. 저의 집에서는 '아재 개그' 그만하라고 아내와 딸, 아들에게 구박을 받지만, 권사님이 너무 즐겁게 받아주신 덕분에 저의 아재 개그는 북사선에서 중단 없이 진화해 갑니다. 남편 집사님도 제자훈련과 사역훈련을 받고 순장으로 섬기시다가 지금은 잠시 다락방 순원으로 계십니다. 북한과 통일을 향한 정부 정책이나 교회 섬김에 대해 조언과 쓴소리를 마다하지 않으실 때마다 저는 귀를 쫑긋 세우고 새겨 듣습니다. 북한을 잘 아는 크리스천이기에, 하나님께서 집사님을 통해 우리에게 원하시는 뜻을 말씀해 주실 것 같았습니다. 북한 인권에 관심과 열정을 가지고 있던 30대 형제는 지난해 제가 여의도에 있는 그의 사무실을 방문했을 때 서늘하게 말했습니다.

"집사님, 그때 그렇게 하시는 것 보고 실망 많이 했습니다."

북한 주민을 사랑하고 그들의 인권 문제를 신중하게 다루지 못한 저의 태도를 깊이 되돌아보고 반성하는 계기가 되었습니다.

한 달쯤 전, 북사선 청년 다락방 순장이었던 한 자매 결혼식에서 식사를 하고 나오는데, 갑자기 "집사님!" 하고 부르는 소리가 들렸습니다. 탈북민 라운드 테이블에서 만났던 20대 청년 자매였습니다. 대학 졸업 후 직장 생활을 하다 오랫동안 만났던 남한 청년과 결혼해서 시부모님과 남편이 다니는 교회에 출석하고 있다 했습니다. 가끔씩 북사선 예배에 참석하곤 했는데, 그날 결혼식에도 온 것이었습니다.

"집사님, 그동안 많은 분들이 기도해 주셔서 저 드디어 아이를 가졌어요. 너무 감사해요."

저 역시 반갑고 기쁜 마음이 들었고, 건강한 출산과 그리스도 안에서 잘 양육하기를 기도하겠다고 했습니다.

북사선을 오랫동안 섬기고 계신 권사님의 말씀이 생각납니다. 북한이 고향인 성도들에게 북사선은 집과 같은 곳이라고. 설사 자주 나오지 못하더라도, 또 오랫동안 나오지 않았더라도, 북사선에 와서 예전에 만나던 성도들의 얼굴을 보기만 해도, 아는 목소리를 다시 듣기만 해도, 왠지 집에 온 듯한 느낌이 든다고 말입니다. 그래서 저는 계속 열심히 출석하고 있습니다. 출석만 해도 은혜가 넘치고, 제 믿음과 신앙이 그들과 함께 성장해 나가는 것 같습니다.

(서울특별시)

북사선에서 남한 성도들과 함께 신앙생활을 한 지 오래되었습니다. 그간 얼마나 많은 사랑을 받는지 모릅니다. 그중에서도 특히 한 가정은 제 신앙생활의 본이 되어주었고, 이웃이 되어주었습니다. 그분을 만난 곳은 북사선 다락방이었습니다. 그분은 북사선에 힘든 일이 있거나 애써야 하는 일이 있으면, 언제나 빠지지 않고 제일 먼저 기도하는 모습으로 함께 했습니다. 딸이 고시에 실패했을 때조차 하나님께 감사의 기도를 드리는 모습을 보았습니다. 일반적으로 사람들은 실패하면 좌절하고 주저앉기 마련인데, 오히려 감사의 자리로 나아가는 집사님과 가정의 모습은 정말로 충격적이었습니다. 힘들고 어려울 때일수록 하나님 앞에 더 나아가고 기도하는 것이 맞지만, 실제적으로 그렇게 하는 것은 쉬운 일이 아니기 때문입니다. 집사님은 제 아들이 이름도 모르는 병에 걸려 사경을 헤맬 때에도 가장 먼저 달려와 기도해 주시고, 함께 밤을 지새우며 우리 가족을 위로해 주었습니다.

이론적인 신앙이 아니라 실천하는 신앙을 보여주어 북사선의 새 신자들이 간접적으로 하나님을 경험하게 하고, 하나님을 믿을 수 있는 단초를 제공하는 것 같습니다. 그러나 이런 아름다운 믿음의 본을 보여주는 가정은 비단 집사님의 가정만이 아닙니다. 북사선 안에 계시는 많은 분들이 이런 역할을 하고 계셔서 그 덕분에 북한에서 온 지체들이 외롭지 않고, 서럽지 않게, 함께 신앙생활하는 영가족을 이루어갈 수 있다고 생각합니다. 저 역시 이런 분들의 신앙생활을 보면서 제자훈련과 사역훈련을 받게 되었습니다. 물론 신앙 선배들의 본을 따라가기엔 너무도 멀게 느껴지지만, 누군가에게 신앙의 본이 될 수 있기를 바랍니다.

평화와 통일은 이론이나 철학이 아니라고 생각합니다. 평화와 통일은 우리 삶 속에서 필요한 실천 과제입니다. 따라서 평화와 통일로 가는 길은 거대담론을 다루는 데서 비롯되는 것이 아니라, 개인·가정·공동체 차원에서 실천적 원리를 찾는 데 있을 것입니다. 이 일의 일선에 우리 북사선이 있습니다. 우리가 먼저 하나님 나라를 구하며, 하나가 되어 똘똘 뭉쳐 남북의 평화 통일은 물론, 땅끝까지 복음을 전파하여 하나님의 나라가 확장되는 데 기여하기를 소망합니다. 이러한 축복이 우리 북사선 공동체에 임하기를 진심으로 기도합니다.

(강원도 통천군)

저는 지금 미국 애리조나주에 머물며, 그랜드캐니언 대학교(Grand Canyon University)에 다니고 있습니다. 제가 이곳에 오게 된 것은 하나님의 은혜입니다. 이곳으로 오기 전 한국에서는 반석학교를 다니며 북사선 성도로서 신앙을 키워왔고, 지금도 여전히 그곳을 마음의 고향으로 생각합니다. 제게 북사선은 피를 나누지 않았음에도 가족이 될 수 있다는 사실을 깨닫게 해 준 공동체입니다. 그곳은 하나님의 사랑으로 가득 채워져, 서로 돕고 의지할 수 있도록 환경이 갖추어진 곳입니다. 가족의 든든함과 따뜻한 온기가 느껴지는 곳이라고 할까요? 북사선에서 만난 가족 이야기를 전해드리고자 합니다.

고립된 북한 사회 체제의 한계로 인해 우리 같은 소시민의 경제적 어려움은 날로 심각해져서 열네 살이 되던 해, 어머니와 함께 북한을 탈출해야만 했습니다. 수많은 역경과 고난 끝에 도착한 한국에서 저는 하나님을 만났습니다. 사랑의교회에 등록을 하고 교회에 다니기 시작하면서 북사선과 저의 인연은 시작되었습니다. 짧고도 길게 느껴지는 3년이라는 시간 동안, 저는 북사선에 소속된 성도로서 무한한 하나님의 사랑을 경험할 수 있었습니다.

북사선에는 남을 위해 언제든지 헌신할 준비가 된 분들, 가족이 없는 탈북 청소년들이나 청소년들에게 선뜻 부모가 되어줄 준비된 성도들이 넘쳐나는 곳이었습니다. 북한 출신의 청년들이 결혼식을 할 때면 행여나 가족의 빈자리가 느껴질까 온 성도들이 결혼식장을 꽉 채웁니다. 예배 때보다 더 많은 사람들이 모인다면 과장일까요? 뿐만 아니라 평소에 혼자 사는 대학생 청년들을 위해 밑반찬을 바리바리 싸 주시는 권사님들, 매주 전화를 걸어 사소한 고민과 어려움을 물어보고, 도움이 필요하지는 않은지 체크해 주는 꼼꼼한 리더들이 넘쳐나는 그런 곳입니다.

이러한 사랑과 보살핌은 평소에도 느낄 수 있었지만, 지난해 위암 판정을 받은 어머니가 천국으로 가셨을 때 더욱 깊이 느낄 수 있었습니다. 미처 한국에 오시지 못한 채, 중국에서 법적 신분 없이 불법으로 체류하고 계시던 어머니는 제대로 된 치료 한 번 받지 못하고 돌아가셨습니다. 저는 신분이 보장됐음에도 코로나로 인해 중국을 방문할 수 없었고, 어머니의 마지막을 지켜드릴 수가 없었습니다. 이 세상에서 어머니를 더 이상 보고 만질 수가 없다는 사실은 너무 가슴 아픈 현실이었고 받아들이기 힘들었지만, 천국에서 만날 날을 기대하며 슬픔을 이겨내려 애썼습니다. 항상 바쁘신 목사님께 염려를 끼치고 싶지 않아서 알리지 않았는데도 다른 가족들을 이끌고 늦은 저녁 집까지 찾아와 주셨습니다. 슬픔에 싸여 끼니를 거를까 염려하여 먹을거리를 들고 개인적으로 찾아주신 분들도 있었고, 그 외에도 진심을 담아 저를 위로해 주고 응원해 주신 리더 언니, 오빠들로부터 큰 위안을 받았습니다.

그리고 저는 이분들의 도움으로 지난해 12월 한국을 떠나 미국에서 유학을 할 수 있게 되었습니다. 미국 비전트립에서 미주 동포들에게 통일과 북한을 향한 하나님의 마음을 전하는 선교 집회를 하던 중 애리조나 상원위원과 그랜드캐니언 대학교 학장님을 만나 북한에서 남한까지 오게 된 과정을 나누었는데, 그것이 계기가 되어 미국 대학에서 전액 장학금을 받으며 공부할 수 있는 기회를 갖게 된 것입니다. 이렇게 유학을 보내준 북사선과 반석학교는 매달 장문의 기도와 응원 메시지를 보내주시고, 공부에 집중할 수 있도록 생활비를 꾸준히 후원해 주고 계십니다. 그분들을 생각할 때면 따뜻한 마음이 육체를 넘어 마음속 깊은 곳까지 그 온기가 퍼지는 것 같습니다. 너무 뜨거워서 데이지도 않고, 너무 차가워서 다가가기 꺼려지지 않는, 딱 좋은 온도의 따뜻한 온기로 가득한 곳, 바로 그곳이 북사선입니다. 북사선은 하나님의 마음을 담은 온기로 서로를 감싸주는 그러한 공동체입니다. 그 온기는 상처가 가득했던 저의 마음을 치유해 주었고, 회복되지 않을 것만 같았던 깊은 상처의 흔적들을 가려주었습니다. 그렇게 북사선을 통하여 저는 치유의 하나님을 또 한 번 경험할 수 있었습니다. 북사선 안에서 전해지는 따뜻한 온기가 하나님의 말씀과 사랑을 통해 다른 곳에서 다른 사람들에게도 가득히 퍼져 나가기를 소망합니다.

(양강도 혜산시)

2008년 어느 날, 대학부 후배 간사에게서 전화가 왔습니다. 당시 막 군대를 제대하고 사랑의교회 대학부에 복귀해 리더로 섬기고 있던 내게, 후배는 대뜸

"사랑의교회에 북사선이라는 부서가 생겼는데 거기에 새터민 대학생 친구가 있어요. 주변에 또래 친구들이 없어서 사랑의교회 대학부를 추천해 주고 싶어요. 대학 1부로 보낼 테니 맡아서 챙겨줄 수 있어요?"라고 말했습니다. 뜬금없는 제의였지만, 나도 모르게 알겠다고 대답했고 그것이 '그'와, 그리고 '북사선'과의 첫 만남이었습니다.

먼저 사랑의교회 대학부 '하누리'라는 모임에 대한 이야기를 해야 할 것 같습니다. 스무 살 무렵 사랑의교회 대학부에 처음 왔을 때부터 은근히 눈에 밟히는 모임이 있었는데, 바로 매달 통일 선교를 위해서 중보하던 하누리 모임이었습니다. 대학에서 외교를 전공하고, 통일 문제에도 학문적인 관심은 많았지만 '하나님이 북한을 사랑하신다'는 관점에서 북한을 바라본 적은 없었고, 그때나 지금이나 통일 문제는 누구나 알긴 해도 소수만 깊은 관심을 갖는, 가깝고도 먼 주제였습니다. 나도 왠지 모르게 어렵고 비장한 통일을 위한 기도보다는 찬양팀 모임과 제자훈련에만 집중하게 되었습니다. 그러나 양말 속 모래처럼 왠지 모르게 계속 하누리를 의식하다 보니 어느새 하누리 중보기도 모임에 참여하고 있었고, 결국 2004년 9월, 통일선교학교 기도회 중 통일 선교를 사명으로 받게 되었습니다. 사명을 깨닫게 된 그 순간, 나의 삶과 모든 관점이 송두리째 바뀌게 되었고, 하나님은 그 길로 나를 판문점으로 보내셔서 2년간 북한을 바라보며 군 복무를 하게 하셨습니다. 그러나 내가 제대할 때까지 본 북한 사람이라고는 판문점 건너편 초소에서 밤낮으로 눈싸움했던 북한군밖에 없었기에, 북한을 향한 하나님의 마음이 무엇인지 궁금해하던 때, 후배에게서 전화가 왔던 것입니다. 그렇게 사랑의교회 대학부에 사상 처음으로 북한 출신이 들어오게 되었습니다.

처음 그를 만났을 땐 꽤 긴장했던 것 같습니다. 말로만 듣던 북한에서 온 친구를 처음 만났으니 어떻게 말을 걸어야 할지, 성경공부는 어떻게 진행해야 할지, 실수하지는 않을지, 그렇잖아도 과묵하고 감정 표현을 많이 하지 않는 것처럼 보이던 그가 대학부에 잘 적응할 수 있을지 내심 걱정이 되었습니다. 특히 북한에서 온 친구를 난생처음 만나는 대학부원들은 평소 북한에 대한 특별한 관심이 없던 친구들이었기 때문에 혹시나 편견을 가지고 있지 않을까 우려스럽기도 했습니다.

그러나 염려는 기우에 불과했습니다. 고대하던 첫날, 시끌벅적하고 재기 발랄함 그 자체인 대학부 안에서 그는 차분히 소그룹에 참여했고, 짧은 대입 준비를 거쳐 대학교에 입학을 앞두고 있다는 근황을 나누어주었습니다. 이어진 성경공부 시간에는 아직 성경을 제대로 읽어본 적이 없었기에 활발하게 참여하진 못했지만 이후 식사를 하면서 함께 대화를 나누다 보니, 뜻밖에도 관심사가 매우 비슷하다는 것을 알게 되었고, 그렇게 우리는 당시 유행하던 스마트 기기, 대학생활, 연애 이야기로 이야기꽃을 피웠습니다. 지금도 그렇지만, 출신을 불문하고 대학생들은 최신 유행이나 트렌드에 가장 민감하고, 최신 정보 교환에 가장 적극적이지 않습니까? 그의 관심사도 20대 대학생의 그것과 크게 다르지 않았고, 모르는 것들을 가르쳐주면서, 그리고 북한에서는 어떤 것들이 유행하는지 물어보면서 금세 친해졌습니다. 그렇게 우리는 함께 소그룹을 하고, 엠티를 가고, 영화를 보고, 농구를 하면서 새터민 친구를 통해 글로만 읽었던 북한에서의 삶을 알게 되었고, 작은 통일을 경험하는 잊지 못할 시간을 보냈습니다.

물론 교회 공동체에 적응하는 것과 별개로, 남한에 정착하는 모든 새터민들이 일상적으로 겪는 어려움들을 그도 겪고 있었습니다. 정체성의 문제, 북한에 있는 가족들 걱정, 경제적 문제, 오랫동안 해보지 않은 공부에 대한 고민, 신앙 고민, 그리고 모든 청년들의 가장 큰 관심사인 연애 고민 등 단순하게 해결할 수는 없는 문제들을 안고서, 그는 매일을 고군분투하고 있었습니다. 그런 그가 교회 공동체에 잘 적응할 수 있었던 가장 큰 이유는 그의 상황에 깊이 공감해 주는 또래 친구들이 있었기 때문입니다. 일찍 부모를 여읜 친구, 이혼 가정의 친구, 아르바이트와 학업을 병행하는 친구, 우울증을 경험한 친구, 구원의 확신이 없는 친구 등 저마다 수많은 사연들을 가진 친구들이 그와 함께 울고 웃어주었기 때문에 그는 마음을 열 수 있었고, 거기에 더해 성숙한 믿음의 청년들이 진솔하게 다가가 주었기에 공동체에 소속감을 가질 수 있게 되었습니다. 북사선의 오랜 모토처럼, '즐거워하는 자들과 함께 즐거워하고, 우는 자들과 함께 울 때'(롬12:15), 하나님은 하나 됨을 허락하십니다.

그를 통해 뉴스에서만 보던 탈북자를 처음 접한 대학부원들은 자연스럽게 통일 선교에 관심을 가지게 되었고, 소수였지만 삼삼오오 기도 모임에 합류하면서 대학부원들 사이에서 북사선 공동체에 대한 관심도 점차 커져갔습니다. 나 역시도 새 친구를 챙기면서 자연스럽게 북사선에 함께 가곤 했는데, 그러던 중 2010년 즈음, 북사선 담당 교역자로부터 뜻밖의 제안을 받게 되었습니다. 기도 모임으로 시작한 북사선에 북한 출신 성도들이 점차 늘고, 새터민 대학생들도 늘어나고 있는데, 이들을 섬길 20대,

30대 청년 리더들이 없으니 대학부 통일 선교 기도 모임인 하누리 모임에서 북사선과 청년 연합 수련회를 기획해 보면 어떻겠냐는 제안이었습니다. 앞서 말했듯이 통일 문제는 예나 지금이나 가깝지만 먼 주제이고, 당시 9개 부서에 2,500명 이상의 재적 인원이 있는 사랑의교회 대학부였지만, 하누리 모임은 수년이 지나도록 20명 남짓이 모이는 작은 기도모임이었으므로, 아무리 소규모로 수련회를 추진한다 한들 섬김이들을 확보할 수 있을지도 의문이었습니다. 그렇지만 애초에 복음통일 사역은 현실성과 가능성을 가늠하면서 하는 사역이 아니었고, 무엇보다도 하나님의 일은 하나님이 하신다는 확신이 있었기에 이를 추진해 보기로 했습니다. 그런데 막상 벌여놓고 보니 장소 예약부터 강사 섭외, 스케줄 짜기, 찬양팀과 행정팀 모집, 광고, 교재 제작 등 해야 할 일이 산더미였습니다. 시작부터 난관에 부딪힌 준비팀은 결국 모든 일을 내려두고 기도에 먼저 힘쓰자는 결론에 이르게 되었습니다. 사실 너무도 막막했기 때문에 기도할 수밖에 없었지만, 그렇게 기도에 전념한 후부터는 신기하게도 조율이 불가능해 보이던 많은 일들이 하나씩 퍼즐을 맞추듯 해결되었고, 결국 무사히 수련회를 치를 수 있었습니다.

한편, 첫 연합 수련회는 북한에서 온 청년들을 격려하고 섬기는 것을 우선하고 있었지만, 이후 아무도 예상하지 못한 놀라운 일이 생겼습니다. 한 영혼을 진심으로 섬겼던 수련회를 통해 북사선을 알게 된 대학부원들이 대거 북사선에 합류하기 시작한 것입니다. 그리고 그렇게 북사선에 참석한 청년들이 또 주변 친구들을 데려오면서 청년들이 늘어나기 시작했습니다. 말과 글을 통해 북한을 아는 것과 북한 출신 친구를 통해 직접 북한에 대해 알아가는 것은 큰 차이가 있습니다. 무엇보다도 북한 출신 친구가 한 명 생기면, 북한은 더 이상 남의 나라가 아닌 내 친구의, 내 가족의 나라가 되고, 그럴 때 이전에는 상상할 수도 없던 새로운 마음을 하나님은 넘치도록 부어 주십니다. 그렇게 수련회 이후 북사선에 출석하기 시작한 대학부원들은 수십 명씩 늘어났고, 훈련된 그 청년들이 순장, 찬양팀, 행정팀, 정착지원팀에 자발적으로 합류하면서 기존에 북사선의 기틀을 다져온 장년부와 함께 예배를 섬기기 시작했습니다. 그리고 섬기는 손길들이 늘어나자 자연스럽게, 북사선도 자체 수련회를 매년 소화할 수 있게 되었습니다.

한 공동체를 처음 개척할 때, 현실적으로 가장 힘든 점은 함께할 동역자들을 확보하는 일일 것입니다. 북한을 위해 기도하는 소수의 기도 모임에서 시작해, 현재는 아기부터 어른까지 함께 예배하는 교회 안의 교회를 이룬 북사선이 정착되는 과정 역시 아무도 예상할 수 없었습니다. 그러나 하나님은 아무도 생각하지 못한 방법으로 모든 필요와 사람을 채우시고 예배 공동체를 세우게 하셨습니다. 그럴 때 가장 필요한 믿음은, 하나님이 북한을 위해 기도하는 일꾼들을 언제나 곳곳에 예비해 두고 계신다는 것과, 우리가 먼저 기도할 때 필요한 곳에 준비한 일꾼들을 보내주신다는 것입니다. 북사선이 바로 그 명확한 증거이고, 북사선의 모든 구성원들이 바로 그 증인들입니다. 준비된 것이 아무것도 없음에도 통일을 위해 누군가 기도를 시작하고 끊임없이 이어갈 때, 하나님께서는 복음적 평화통일을 반드시 이루어 주실 것입니다. 무에서 유를 창조하시는 하나님이 지금의 북사선을 만드신 것처럼, 필요한 곳마다 필요한 예배 공동체를 세워주실 것을 믿습니다.

마지막으로 통일 사역을 하면서 대학생들에게 가장 많이 받았던 질문은 "통일을 위해, 북한을 위해 기도하면서 지금 내가 무엇을 할 수 있는가?"였습니다. '그'를 만난 이후 나의 대답은 한결같습니다. 통일을 미리 경험하라는 겁니다. 남한 땅에 먼저 보내주신, 북한 출신 친구를 만나라는 것입니다. 사람과 사람의 모든 만남은 기적입니다. 북사선의 역사를 기적의 역사로 만들어주신 하나님께 모든 영광을 올려 드립니다.

(서울특별시 마포구)

지방에서 서울로 직장을 옮기면서 사랑의교회에 다니게 되었습니다. 함께 성장할 공동체를 찾다가 지인의 소개로 '북사선'을 알게 되었지요. 북한 분들과 함께 예배를 드리고 교제를 한다기에 호기심이 들기도 했습니다. 사실 시골에서 생활하다 올라와 서울 사람들이 낯설게 느껴졌고, 촌스럽다는 말을 듣지는 않을까 은근히 신경도 쓰였는데, 어떻게 보면 나와 같이 타향살이하는 사람들이 모인 곳이라 관심이 더 생기기도 했습니다.

2007년경이었는데, 그때 북사선은 막 자리를 잡아가는 시기였습니다. 참석하는 남한 사람이 지금보다 적기 때문이었는지 북한에서 온 네 명의 자매들과 함께 한 다락방으로 묶이게 되었습니다. 비슷한 나이에, 다 같이 미혼의 자매들이어서 언니, 동생으로 재미있게 지냈습니다. 네 명의 자매들은 각자의 개성을 가지고 자신들의 삶을 개척해갔습니다. 감당할 수 없는 편견들과 깊이를 알 수 없는 상처들이 발목을 잡을 때도 있었지만, 많은 재능을 가진 자매들은 더 큰 꿈을 향해 더 넓은 세계로 나가길 원했고, 우린 함께 기도하며 응원해 주었습니다.

북사선에서 네 자매들과 함께 하는 동안, 하나님께서 내게 많은 것을 베풀어 주셨습니다. 말로 다할 수 없는 하나님의 사랑에 감격하고 감사하며, 더 많은 것을 베풀고 싶은 마음이 생겼습니다. 어떻게 하면 더 많은 것을 나눌 수 있을지, 더 선한 일에 참여할 수 있을지 고민하는 날들이 이어졌습니다.

그러다 북에서 온 다른 한 자매와 이야기를 하던 중, 그 자매의 권유로 지금의 직장으로 방향을 잡게 되었습니다. 얼마나 감사한지 모릅니다. 사회복지학을 전공했던 자매가 내게 사회복지와 관련된 일에 도전해 볼 것을 권유한 것입니다. 아마 자매와의 인연이 없었다면 지금 하는 일을 하지 못했을 것입니다. 이들을 통해 하나님께서 나에게 선물을 주신 듯합니다.

이후 교회에서 제자훈련과 사역훈련을 받았고, 올해 북사선 순장으로 파송 받게 되었습니다. 새롭게 만나게 하신 다락방 식구들과 어떤 이야기들을 만들어 갈지 기대됩니다. 우리 다락방은 각자 다른 영역에서 각자의 꿈을 가지고 활동하는 지체들이 나를 포함해 다섯 명입니다. 하나님께서 어떤 일들을 열어 가실지 너무나 기대됩니다. 우리 순원들의 고향이기도 하고, 한 번도 가보지 못한 평양과 남포에 언젠가 가보고 싶다는 소망도 생겼습니다. 나는 북사선에서 이미 통일을 경험하고 있는 것 같습니다. 우는 자들과 함께 울고 웃는 자들과 함께 웃으라는 말씀을 품고서 함께 울고 웃으며, 이미 통일을 맛보고 있습니다.

(부산광역시)

북사선은 하나님께서 허락하신, 먼저 온 통일을 사는 곳입니다. 다만 지난 시간을 돌아보면서 안타까운 것이 있다면 이곳을 거쳐간 그들은 어디로 갔을까 하는 것입니다. 시집을 가기도 하고, 일을 찾아 떠나기도 했으며, 다른 교회로 간 사람도 있습니다. 잠시 스쳐 지나가버린 얼굴들도 많습니다. 비록 나는 그들을 볼 수 없지만 하나님께서 그들을 보고 계시겠지 하며 위안 삼아봅니다. 가슴 아픈 사연도 많았지만 지금까지 자리를 지켜준 남북한 동역자 분들이 얼마나 귀한지 모릅니다.

이웃사랑선교부 사무실에서 북사선 기도회가 열렸을 때, 북사선인 줄 모른 채, 6.25 구국 기도회로 알고 찾아간 것이 시작이었습니다. 얼마 안 되는 적은 수가 모여 기도하던 상황이라, 안타까운 마음이 들어 함께 기도하기로 결정했습니다.

보고 싶은 얼굴들이 떠오르네요. 간이 좋지 않아 낯빛이 검은 분이 있었습니다. 잘 먹이고 싶은 마음에 보신탕을 몇 번 사다 대접하기도 했고, 그분의 끼니 걱정을 하며 챙기는 권사님들도 몇 분 계셨습니다. 물론 치료는 잘 되었고, 요즘은 타 교회에 출석하며 건강하게 지낸다고 들었습니다. 지금은 탈북한 지체들 중에 환자가 그리 많지 않지만, 그때는 환자가 많아 늘 먹는 게 걱정이었습니다.

남남북녀라고 했지요. 인물이 좋은 자매도 있었습니다. 그러다 보면 쉽게 돈 벌 생각에 잘못된 선택을 하기도 하는데, 다행히 그녀는 성실한 마음을 갖고 있었습니다. 북한을 넘어올 때 하늘에 기도했더니 자기들을 잡으러 오던 경비병들 앞에 갑자기 모래바람이 불어 자기들을 가려주었다고 했습니다. 이제 와 보니 그 하늘이 하나님이신 것 같다며 하나님께서 베푸신 기적을 전해주기도 했습니다. 이곳에서 배필을 만나 잘살고 있습니다. 어떤 친구는 호프집 아르바이트를 하고 있었는데, 결국 교회를 나오지 못했습니다. 삶의 궁색함을 이겨 보리라 시작한 아르바이트이다 보니 권면도 소용이 없었고, 더는 뭐라 할 수도 없었습니다. 그런 때는 아무 능력 없는 나 자신이 답답하기만 했습니다.

   누가 싸움을 하면 가장 먼저 달려가서 해결해 주고, 병원 데려가고, 밥 사 주시던 집사님은 지금 장로님이 되셨고, 공동체 내에서 부부 싸움이 일어났다는 말이 들리면 밤낮없이 달려가 중재자를 자처하시던 권사님은 연로하여 쉬고 계십니다. 남편이 퇴직하며 받은 금붙이를 어려움을 당한 누군가를 위해 내놓으시고, 누구네 집 세탁기가 고장 났다 하면 본인 주머니를 털어 고쳐 주시던, 본인 주머니가 채워질 틈이 없었던 집사님은 선교사님이 되어 다른 나라로 떠나셨습니다.

   때로는 우리의 열심 때문에 감성파, 지성파로 나뉘어 의견 충돌이 있을 때도 있었습니다. 그렇지만 함께 기도하고, 함께 밥 먹다 보면 어느덧 한마음이던 원래 모습으로 돌아와 있는 우리를 발견하게 됩니다. 그렇게 우리는 하나가 되어 새 가족이 오면 집에서 가재도구들을 가져다 텅 빈 새집에 채워 주기도 했습니다. 물론 지금은 쓰던 물건을 잘 나누지는 않지만요. 젊은 친구들을 만나면 철없는 누나가 되어 같이 노래방도 가고, 바자회에서 옷도 사서 나눠 입기도 했습니다. 나는 하나님을 보여주고 싶었고, 하나님께서는 당신의 방법대로 때를 따라 일하셨습니다. 북한에서 선생님이었던 동갑내기 친구를 만나기도 했습니다. 이곳에서는 핸드폰 부품 조립을 했습니다. 이 친구는 사람들이 무슨 꿍꿍이로 이렇게도 잘 대해주는가 의심스러웠다고 합니다. 그 후 신앙이 많이 자랐고, 지금은 좋은 분을 만나 이민 가서 잘 살고 있습니다.

처음에는 울기도 많이 했습니다. 안타까운 사연이 어찌 그리 많던지요. 지금 생각하면 자주 만나 많은 시간을 함께 보냈기에 같이 울 수 있었던 것 같습니다. 홀로 북사선에 나오던 분이 계십니다. 예배 중에 다급히 전화가 왔습니다. 지금 부인과 딸을 데리고 한국으로 향했다며, 기도 부탁을 해 왔습니다. 심장이 멎을 것만 같았습니다. 전화를 끊고는 다락방 식구들과 기도 제목을 나누었고, 열심히 중보하며 기도했습니다. 그리고 며칠 후, 무사히 도착했다는 소식을 들었습니다. 얼마나 감사하던지요. 눈물이 도무지 그치지를 않았습니다.

그랬는데 하루는 그가 차를 사서 고사를 지낸다며 연락이 왔습니다. 하늘 아버지가 계시는데 고사가 웬일인가 싶어 다른 의미에서 심장이 또 떨려 왔습니다. 다락방 식구들과 또 달려갔습니다. 고사 지내는 대신 십자가를 차에 걸어주고, 예배드린 후 함께 밥을 먹고 왔습니다. 이제 그는 남은 둘째를 데려올 비용을 마련하기 위해 부부가 주일에도 일을 합니다. 어쩔 수 없어 예전처럼 자주 연락은 못 합니다.

어느 날 하나님이 물으셨습니다.

"네가 저들을 위해 죽을 수 있겠니?"

선뜻 대답할 수가 없었습니다. 그러나 하나님은 북사선을 통해 여전히 큰 은혜를 주십니다. 북사선에서 머문 긴 시간 동안 하나님께서는 내 인생을 풍성하게 하셨고, 우리 공동체와 동행하시며 한 사람 한 사람을 세워 가셨습니다. 덕분에 모두 함께 성장해가고 있습니다. 여기까지 함께 해 주신 임마누엘 하나님께 감사드립니다. 어느 해인가 북사선 지체의 머리도 깎아주고, 약도 전달한 적이 있습니다. 그곳에서 하나님을 만날 것만 같은 경험을 했는데, 그때 목사님이 제게 '사라'라는 이름을 지어 주셨습니다. 이름값하면서 살고 싶은데, 도무지 쉽지가 않습니다. 이름값하며 살기 위해 겨자씨만 한 믿음을 구하고 있습니다.

(대구광역시)

북사선에 오게 된 데는 특별하고 거창한 이유가 있었던 것은 아닙니다. 그저 함께 울고 함께 웃을 수 있는 언니, 누나, 이모나 고모가 되어 주어야겠다는 마음이었습니다. 그렇다고 북한에 관심이 없었던 것은 아닙니다. 북한을 마음에 품고서 기도만 하며 지내오다가 북사선으로 오게 되었는데, 북한 친구들을 만날 수 있는 이곳은 제게 참 특별했습니다. 혈혈단신으로 넘어와 열심히 사는 친구들을 보고 있으면 이들의 언니, 누나가 되어야겠다는 생각이 저절로 들었습니다. 그래서 더 적극적으로 다가가려고 노력했습니다.

자그맣고 예쁘게 생긴 그녀. 수련회에서 함께 밥을 먹는데 저보다 많이, 아니 산더미처럼 쌓인 밥을 보고 깜짝 놀랐습니다. 다행히(?) 지금은 그리 많이 먹지는 않습니다만, 그때는 항상 허기가 느껴져 그렇게 먹는다고 이야기를 하더군요. 그녀와 저는 매년 겨울이 되면 북한이 잘 보이는 곳을 찾습니다. 그곳이 어디든 함께 가서 북한을 바라보기도 하고, 이런저런 이야기를 나누며 데이트를 하고 옵니다. 아버지, 어머니의 결혼기념일이 겨울이라 그런지, 겨울이 오면 유독 부모님 생각이 난다고 했습니다. 그래서 우리는 매년 겨울, 최대한 북한과 가까운 곳을 찾고 있습니다. 처음에는 운전이 미숙한 그녀를 위해 내가 해줄 수 있는 것이 운전뿐이어서 그리했습니다. 물질적으로는 도와줄 수 없지만, 그렇게 함께 시간을 보내고, 기도하는 그 시간은 내게도 참 소중한 시간이었습니다.

그러다 내게도 힘든 시간이 찾아왔을 때 언제까지고 내가 주는 위로를 받기만 할 것 같았던 그녀에게서, 그리고 그들에게서, 오히려 저는 위로를 받았고 도전을 받았습니다. 따뜻한 말 한 마디, 그리고 함께하는 기도에 마음이 온기로 가득 채워졌습니다. 부족함을 잘 느끼지 못하는, 그래서 풍족한 것에 익숙해진 우리의 삶을 단순하게 바라보면 북한 지체들은 우리가 섬겨야 할 대상일지 모릅니다. 하지만 주님은 그 속에 보물을 숨겨놓으셨다는 생각이 듭니다. 언제고 도움받기만 할 것 같던 그들이 내게 도움의 손길을 내밀기도 하고, 따스한 마음을 나눠주기도 하니까요.

하나님이 언제 북한의 문을 여시고, 우리를 어떻게 사용하실지 모르지만 이곳에 온 지체들을 통해, 그리고 그곳에 남겨진 가족들을 통해 하나님은 합력하여 선을 이루실 것을 확신합니다. 주님이 이루실 계획을 기대하고 소망합니다. 불가능해 보여도 주님이 하시는 일에는 한계가 없기 때문입니다. 그러나 새로운 가족을 이루고, 마음을 나누며, 함께 자라가는 북사선 공동체를 통하여, 하나님은 지금도 피 흘림 없는 복음적 통일을 준비하고 계신다고 확신하며 그날을 기다립니다.

(서울특별시)

저희 네 자매는 가슴으로 자매 인연을 맺었습니다. 넷이 처음 만난 것은 10년 전, 반석학교(당시 느헤미야 학교) 여자 기숙사에서였습니다. 첫째 언니는 당시 북한사랑의선교부 간사였고, 둘째인 저는 여자 기숙사 사감이었습니다. 셋째와 넷째는 당시 느헤미야 학교 학생이었는데, 언니와 저는 남한이 고향인 반면, 셋째는 북한, 넷째는 중국이 고향이었습니다. 생각해 보면 제가 사감으로 함께 지낸 시간은 고작 6개월에 불과했고, 다른 학생들도 여럿 있었는데, 그 짧은 기간 동안 특별히 친해진 것은 역시 막내 역할이 컸던 것 같습니다. 지금까지도 많이 언니들을 찾고 챙기는 것도 막내이고, 그래서 서운함이 더 많은 것도 막내입니다. 결국 언니들이 막내에게 빚을 많이 진 셈입니다.

그때는 제가 북에서 온 지체들과 함께 교제하면서, 이제 좀 그들을 알아간다는 느낌이 드는 시기였습니다. 평소에 너무 씩씩하던 셋째와 같이 쥬빌리 기도회에 갔던 날, 기도 중에 들었던 셋째의 울음소리는 지금도 잊을 수가 없습니다. 엄마와 할머니가 북한에서 돌아가셨다는 소식을 들었고, 아버지와 형제들은 북한에 남아있다고 했습니다. 한국에 와서 열심히 공부하고 생활하는 모습만 보았는데, 그 마음에 품고 사는 아픔과 눈물을 알아가려면 한참 멀었구나 하는 생각을 처음으로 했던 것 같습니다.

기숙사에서 같이 지낸 지 6개월이 되어가는 즈음에 저는 막내와 태국 단기선교를 다녀오게 되었고, 저는 그곳에서 특별히 '중국'에 대해 알아야 한다는 마음을 받고 돌아왔습니다. 재정도 충분하지 않고, 갈 곳도 없이 무작정 중국에 가려니, 그 막연한 상황이 두려웠습니다. 그때 중국 여정에 동행해 준 사람이 셋째였습니다. 셋째는 북한에서 나와 중국에 계시는 이모의 도움을 받으며 2년 정도 상하이에 있다가 한국에 들어왔습니다. 마침 그때는 대학교 입시 준비가 끝나 중국에 있는 짐을 다 정리해서 나오려던 때였습니다. 셋째는 상하이 곳곳의 유명한 관광지는 물론, 한국식 찜질방까지 데리고 다니며 다양한 중국 음식도 골고루 맛 보여 주었는데, 아마 그때 상하이 문화를 경험해 보지 않았다면, 저는 중국에 갈 엄두를 내지 못했거나 많은 편견을 가지고 중국 생활을 했을 것입니다. 셋째 덕분에 저는 중국에 대한 편견을 깨뜨릴 수 있었고, 좋은 인상을 가진 채 용기 있게 중국을 향한 발걸음을 내디딜 수 있었습니다. 셋째와 상하이를 2주 정도 다녀오고 나서, 다시 3개월 정도 단둥으로 정탐 여행(?)을 다녀왔습니다. 그리고 그해 7월에는 네 자매가 다 함께 웨일스에 다녀오기도 했습니다. 2013년은 웨일스에서 7년 동안 열렸던 '열방부흥축제(Celebration for the Nations)'의 마지막 해였습니다. 왜 그때 우리 네 자매, 그리고 북사선의 많은 지체들이 웨일스에 가서 함께 예배하고 통일을 위해 기도했는지, 아직도 그 섭리를 다 이해하지는 못합니다. 그러나 그때 우리가 함께했던 시간이 이후의 삶에 많은 변화를 가져온 것은 틀림없습니다.

웨일스를 다녀온 다음 해인 2014년 9월부터 6년간 중국에 머물렀습니다. 그 기간 동안 막내는 고아원에서 제가 키우던 아이의 돌잔치에 참여하겠다며 심양에 왔고, 언니는 제가 지낸 고아원의 삶을 쥬빌리 간사님과 함께 나누면 좋을 것 같다며 둘이 함께 단둥에 오기도 했습니다. 그 사이에 셋째는 대학을 졸업하고, 결혼을 해서 목사 사모가 되었습니다. 셋째 결혼식에서 우리 세 자매가 축가를 불렀는데, 어찌나 많이 울었던지 최대로 민폐를 끼친 결혼식이었습니다. 그동안 넷째도 부산에서 대학을 졸업해 서울에서 취직을 했습니다. 북한에 남아있던 셋째의 여동생도 한국으로 왔고, 셋째의 맏딸도 태어났습니다. 사실 막내가 4년 동안 부산에서 학교를 다녔고, 제가 중국에 6년이나 있었던 데다 첫째 언니도 지방에 내려가 있었기 때문에, 우리가 함께 보낸 시간은 지난 10년을 통틀어 손에 꼽을 정도입니다. 그런 까닭일까요? 막내가 우리가 가족이 맞긴 맞냐고 물은 때가 몇 번이나 있었습니다. 생각해 보면, 우리가 도대체 언제부터 서로를 가족이라고 말하기 시작했는지 잘 기억나지 않습니다. 지금도 서로의 상황을 다 나누지 못할 때가 많고, 챙겨주지 못하는 것은 더 많습니다. 그렇지만 우리는 어느 순간부터 '우리를 가족으로 부르셨다'라고 인정하고 있었습니다. 섭섭함이 쌓인 막내가

"이럴 거면 그만 보는 게 낫지 않아?" 말할 때에도,

"그래도 안 보는 건 안 돼. 가족이니까 그냥 이렇게 평생 가는 거야"라고 흔들림 없이 말하게 됩니다. 돌아보면, 서로를 다른 사람들보다 특별히 잘 챙겨서, 아니면 특별히 잘 도와주어서 가족이 된 건 아닙니다. 그저 인생의 중요한 순간들을 가족처럼 함께 보낼 수 있게 해주신 특별한 은혜가 분명히 있었습니다.

벌써 셋째가 낳은 큰 조카가 두 돌을 지냈고, 작은 조카의 백일을 며칠 앞두고 있습니다. 많은 과정과 몇 번의 이사를 거치며 마음고생을 많이 한 넷째가 올해 이직을 해서 자리를 잡고 안정을 얻게 되었는데, 혼자 돈을 모아 호텔을 예약해서 우리의 10주년 기념 파티를 준비해 주었습니다. 작은 딸을 낳기 직전이라 만삭이던 셋째는 호텔에서 쉬게 하고, 이모 둘이서 큰 조카를 처음으로 롯데월드에 데리고 가서 신나게 놀았습니다. 이러한 소중한 추억이 우리에게 더 많아지는 것은 크나큰 감사입니다. 얼마 전 셋째가 큰 조카의 동영상을 보내왔는데, 한참이나 긴 가족들의 이름을 불러서 한참을 웃었습니다.

"엄마, 아빠, 아가야(동생), 이모(친이모), 첫째 이모, 둘째 이모, 막내 이모!"

이모들은 여전히 우리가 가족이냐고 질문하는데, 네 살짜리 꼬맹이는 어느새 자신의 가족 리스트에서 우리를 한 명도 빼지 않고 꼬박꼬박 챙겨 부릅니다. 네 살짜리 조카가 이모들보다 훨씬 더 많은 것을 알고 있는지도 모르겠습니다. 10년 전에는 상상하지도 못했던 이미 함께한 수많은 순간들을, 그리고 또 함께 질문하며 살아야 할 앞으로의 시간들을 기대하며 헤아려봅니다.

(경상북도 영주시)

SENK와 복음통일아카데미

SENK(Sarang Education for North Korea Mission)는 2015년 9월에 시작한 북한선교 교육과정으로 하나님께서 사랑의교회에 주신 민족을 향한 비전, '피 흘림 없는 복음적 평화통일'을 준비하는 훈련 과정입니다.

매년 5주 혹은 10주간에 걸쳐 매 주일 저녁 100분간의 강의와 토크 방식으로 진행되어 성경적 관점에서 한반도 정세와 분단 문제, 통일 문제를 배우고 이해하며 분단된 현실을 사는 성도들의 사명을 일깨웠습니다. 교육과정은 실제 현장에서 이루어지고 있는 사역의 경험과 가치를 공유하는 프로그램들로 구성돼 북한 선교에 관심을 가지고 통일을 준비하길 원하는 분들이 참여하였습니다.

북한선교 교육과정은 2022년에 사랑글로벌아카데미의 복음통일아카데미로 승격되어 한 학기 10주, 총 3학기 동안 25학점을 수료하는 1년 과정으로 발전했습니다.

SaGA(SaRang Global Academy) 복음통일아카데미는 한반도의 현실과 미래를 기독교 신앙으로 조명하며, '이념과 진영을 뛰어넘는 통섭적 연구'와 '현장을 아우르는 국내외의 사역적 연합'을 통해, 하나님께서 이루실 통일을 준비하며 '시대를 견인하는 복음의 사명자'를 양성하는 영적 사관학교입니다. '정세와 통일, 북한학, 성경과 통일, 독일통일사, 기독교 통일경제, 탈북민 사역, 대북진출, 국제경제와 통일, 디아스포라와 통일, 글로벌 관점의 통일, 통일 인프라 구축'과 같은 과목을 이 시대 최고의 교수진들을 통해 배울 수 있고, 국내와 해외 현장 사역을 통해 실제적 통일을 경험하고 참여하는 전문교육 과정입니다.

100% 현장, 100% 줌(Zoom), 100% 러닝 플랫폼으로 진행되므로 지역을 초월해서 참여할 수 있고, 시차를 넘어 해외에서도 참여할 수 있으며, 수업 당일 현장이나 줌으로 참여를 못할 경우 러닝 플랫폼으로 각자 편한 시간에 녹화된 수업을 들을 수 있는 최첨단 인프라가 구축되어 있습니다.

사랑글로벌아카데미 웹사이트 - www.saga121.com

Episode 4

제게 흘러온 사랑이,
저를 통해 흘러가기를…

Episode 4

제게 흘러온 사랑이, 저를 통해 흘러가기를…

사랑의교회 북사선이 열일곱 살이 되었다니 반갑고, 새롭고, 감사합니다. 북사선 초창기 성도로서 그간의 신앙생활을 뒤돌아 보니 북한 선교사역은 오래 참음과 인내, 많은 사랑을 필요로 하는 어려운 사역이라는 생각이 듭니다.

저는 20대 초반 북한에서 부모님을 잃고 홀로 세상을 살아가야 했고, 탈북하여 한국으로 오기까지 배고픔, 두려움과 공포 속에서 하루하루를 보내야 했습니다. 다행히도 무사히 한국으로 오게 되어 한국에 정착한 지도 벌써 19년이라는 시간이 흘렀습니다. 저의 신앙생활은 한국 정착과 함께 시작되었다고 이야기할 수도 있겠습니다.

2005년 하나원 퇴소 후, 저는 교회에 나가면 한국에서 정착하는 데 많은 도움을 받을 수 있다는 선배들의 이야기를 듣고 당시 강남에 있는 사랑의교회에 문을 두드렸고, 당시 이웃사랑선교부에서 신앙의 첫발을 내딛기 시작했습니다. 남한에 연고는 물론, 아는 사람 하나 없었던 저는 목사님과 권사님, 집사님들의 따뜻한 미소와 관심이 마냥 좋았습니다. 아마도 교회에 계속해서 나갔던 이유 또한 그것 때문인 것 같습니다. 차갑고 냉정한 세상 속에서 두려움을 품고 살아가야 했던 제게 북사선은 가족이었습니다. 교회 식구들이 가족이 되어 예배당 안에서 결혼도 할 수 있었고, 어느새 2남 1녀 세 아이의 엄마가 되었습니다. 인생에 있어 행복하고 즐거운 시간도, 힘들고 슬프고 외로운 시간도 많았습니다. 가랑비에 옷 젖듯이 하나님은 제 삶에 개입하셔서 당신의 조건 없는 사랑도 알게 하셨고, 내 하나님 되심을, 내 하늘 아버지 되심을 깨닫게 하셨습니다.

순탄하지만은 않은 결혼 생활 가운데 아이들을 양육하고, 만만치 않은 직장 생활과 인간관계 속에서 늘 함께하셔서, 믿음 없던 제게 믿음이 무엇인지 깨닫게 하셨고, 섬김이 어떤 것인지를 배우게 하셨습니다. 생활고에 못 이겨 탈북한 저로서는 자녀들에게 가난을 물려줄 수 없다는 신념이 확고할 수밖에 없었고, 수년간의 교회생활에도 건강하게 돈 잘 버는 것이 최선의 가치로 느껴져 내 고집대로, 내 힘대로 살아보려 했습니다. 하지만 일대일 양육과 제자훈련을 통해, 어렵게만 느껴졌던 말씀이 이해되었고, 이내 하나님은 말씀을 삶의 기준으로 삼고 살아갈 수 있도록 인도하여 주셨습니다. 여러 분야에서 다양한 봉사를 통해 섬김의 기쁨도 맛보게 해 주셨습니다.

주일이 되면 세 아이들과 함께 교회로 가서 예배를 드릴 수 있는 것이 너무 감사합니다. 사랑의교회에 나온 것은 제가 한국에 와서 가장 잘한 것 중 하나인 것 같습니다. 북한은 제가 태어나서 유년 시절을 보냈기에 많은 추억이 있는 고향이지만, 한편으로는 다시 돌아가고 싶지 않은 곳이기도 합니다. 그래서 북한선교는 나 말고 다른 사람이 하는 것이라 생각했습니다. 그러나 하나님은 훈련을 통해 그곳은 내가 가야 하는 곳임을, 하나님이 예비하신 선교사가 나란 사실을 깨닫게 해주셨습니다. 때로는 나를 향한 하나님의 계획이 이해가 안 될 때도 있지만, 하나님은 그 누구보다 나를 잘 아시고 사랑하시기에, 주어진 모든 상황 앞에 기도로 나아가며 순종하는 삶을 살려고 애쓰고 있습니다. 내 계획이나 의지로 만사가 해결되지 않을 때, 내가 옳은 것 같은데, 잘못한 것이 없는데, 내 앞의 상황은 억울하게만 흘러갈 때, 기도가 응답되지 않아 절망이 찾아올 때가 끝없이 이어지지만, 그럴 때마다 하나님께 질문하며, 하나님이 주시는 마음으로 살아가려 합니다.

가장 감사한 것은 언제나 나를 위해, 내 가족을 위해 기도해 주는 누군가가 있었다는 사실입니다. 조건 없이 내 곁을 지켜주는 하나님의 사람들이 언제나 함께 있었기에, 지금까지 믿음 생활을 잘 할 수 있었음을 고백합니다. 지금까지 이들을 통해 받아온 조건 없는 하나님의 사랑을, 이제는 나누면서 살아보고자 합니다. 나의 삶을 통해 주님 닮은 모습을 보이며, 섬기는 자리마다 저와 같이 대한민국에서 탈북민의 삶을 살아가고 있는 우리 형제들에게 먼저 온 길을 안내하며, 하나님이 예비하신 선교사로서의 사명을 준비하며 감당하고 싶습니다. 이를 위해 말씀과 기도로 매일 하나님과 가까이하면서 하나님께 더욱 순종하고자 합니다. 북사선을 통해 제게 흘러온 하나님의 사랑이, 저를 통해 또 누군가에게 흘러가기를 소망합니다.

(함경남도 함흥시)

사랑의교회 북사선 공동체는 남북이 함께 모여 있을 뿐만 아니라, 어린아이부터 어른까지 전 연령대가 함께 하는 공동체입니다. 이런 공동체에서 드리는 예배에서 찬양을 인도할 때는 다양한 연령대와 배경을 고려하여 곡을 정해야 하기에 어려운 점도 있습니다. 하지만 이 공동체에는 하나님이 기뻐하시는 좋은 예배자들이 많이 모여 있습니다. 영광스러운 예배를 위해서는 잘 준비된 찬양팀도 중요하지만, 준비된 예배자들이 있어야 하는데, 찬양을 인도하다 보면 주님이 찾으시는 예배자들이 주님이 기뻐하시는 예배를 올려드린다는 느낌을 가질 때가 많습니다. 북한 땅에 예배가 회복되길 원하시는 하나님께서, 남북이 함께하는 이 공동체에 하나님이 찾으시는 예배자들을 모으시고 이곳에서 먼저 예배를 회복시키신 줄 믿습니다. '믿음은 바라는 것들의 실상이요 보지 못하는 것들의 증거'라고 하셨듯이, 믿음의 눈으로 통일의 때에 함께 드리게 될 예배를, 이 곳에서 미리 경험하는 마음으로 올려드립니다.

북사선의 많은 분들의 꿈은 고향에 가서 교회를 세우는 것입니다. 교회를 세우기 위해 여러 가지가 필요하지만, 마음의 예배를 드릴 수 있는 찬양팀을 만드는 것도 필요할 것입니다. 사랑의교회 북사선에서 남북이 함께하는 찬양팀을 경험한 사람들이 그때에 가서 더 잘 쓰임 받을 수 있게 되기를 소망합니다. 찬양을 주님께 드리는 것이 어떤 것인지, 찬양팀은 어떤 모습으로 섬겨야 하는지를 이곳에서 미리 경험한 예배자가, 그 땅의 예배의 회복을 위해 준비되고 세워지길 기대합니다.

감사하게도 항상 2~4명의 북한이 고향인 지체들과 함께 찬양팀을 섬길 수 있었습니다. 남한에 온 지 1~2년도 안되는 지체들이 예배의 자리에서 누구보다 하나님을 만나 뜨겁게 찬양하는 모습을 보면서 주님의 일하심을 느낄 수 있었습니다. 특히, 수련회 기간 동안 남의 시선을 의식하지 않고 눈물 흘리며 예배드리는 모습들도 기억에 남습니다. 찬양팀이 가족과 같은 곳이라고 말하던 고백들도 기억에 남습니다. 찬양팀은 남과 북이 함께 예배드리면서, 통일 이후 북한 땅에 회복될 교회에서 올려드릴 찬양을 꿈꾸는 자리가 되고, 이를 위해 예배자가 자연스럽게 훈련되며 함께 자라가는 자리입니다.

찬양팀이라는 자리가 매번 시간을 지켜 출석해야 하고, 남들보다 일찍 교회에 나와야 하고, 엄격한 규칙을 요구하고, 관계적으로 이런저런 갈등이 생길 수도 있습니다. 하지만 남북이 함께하는 우리 찬양팀은 가족같이 늘 그 자리에 있고, 또한 언제나 기다려 주는 곳이 되기를 노력했습니다.

개인적으로 사랑의교회 특별새벽부흥회에서 있었던 일이 기억납니다. 본당을 가득 채운 성령의 임재가 그날따라 생생하게 느껴졌습니다. 그때 오정현 목사님께서, 하나님의 임재가 충만한 지금, 10년 후에 우리에게 주실 일들을 위해 기도해 보자고 하셨습니다. 담임목사님께서도 강단에서 간절히 기도하시는 것이 느껴졌습니다. 그때 제게 북한과 관련하여 무언가 사역하라는 마음을 주셨습니다. 그리고 담임목사님은 '10년 후에 평양에서 특새를 하게 해 주옵소서'라는 기도 제목을 나누셨습니다. 그 이후로 10년의 시간이 지났고, 저는 지금 북사선 공동체와 찬양팀을 섬기며 북이 고향인 분들과 함께 예배드리고 있습니다. 이제 평양에서 특새하는 날을 우리에게 반드시 주실 것을 믿습니다. 그리고 그날에 그동안 북사선 찬양팀과 함께했던 지체들이 하나님이 기뻐하시는 마음의 참 예배자가 되어 북한의 무너진 예배를 회복하는 성령의 도구로 사용되기를 소망합니다.

(부산광역시)

북사선은 피 흘림 없는 복음적 평화통일을 소망하는 사랑의교회 은혜의 울타리 안에서 자리를 잡은 모임입니다. 남쪽이 고향인 사람들과 북에 고향을 두고 자의 반 타의 반 가슴 아픈 사연을 담고 남한에 정착해서 살고 있는 남북한 사람들이 서로 기쁨과 슬픔을 나누는 신앙 공동체로 만난 지도 어느덧 17년이 되었습니다. 17년 전, 몇 명의 성도들이 같은 마음을 품고 장소도 없이 교회 주변 이곳저곳을 전전하며 모임을 갖기 시작한 것이 북사선의 시작입니다. 사랑의교회에 속해 있는 첫돌이 된 예빈이부터 구순을 눈앞에 둔 성도님까지, 주일학교에서 신혼부부 다락방까지, 전 연령의 남녀노소를 막론하고 남과 북이 하나 되어 예배드리는, 교회 안의 또 하나의 교회로 통일시대 공동체를 이루고 있습니다.

17년의 세월이 지나고 보니 어려서 남한에 왔던 학생들이 반석학교를 통해 대학교에 진학하고, 졸업 후 사회의 각 분야로 진출하여 직장 생활과 사업을 하는 청년들로 성장했고, 좋은 배우자를 만나 아름다운 가정을 이루는 모습들을 계속 보고 있습니다.

어느 날 북사선 담당 목사님께 한 자매가 인사를 왔습니다. 대학을 졸업한 후 사랑하는 남한의 청년을 만나 부부가 되기로 했는데, 결혼식은 하지 않겠다고 했습니다. 이 말을 들은 목사님은 무슨 말 못 할 사연이 있는지 물어보았고, 머뭇거리던 자매는 힘겹게 입을 뗐습니다. 결혼식을 하고 싶지만, 신부 측 하객으로 올 지인이 없다는 것이었습니다. 부모 형제가 북에 있는 것도 가슴 아프지만, 신랑 측 하객은 넘치는데 신부 측 하객자리가 텅 빈 모습을 상상하기 싫다고 했답니다. 목사님께서는 언젠가 만날 북에 있는 부모님께서 하객이 없다는 이유로 결혼식을 올리지 못한 딸의 사연을 듣게 되면 그 마음이 어떠실지 생각해 봤느냐며 나무라셨다고 합니다.

주일예배 후 목사님은 채리티 팀 멤버들을 모아서 이 일을 나누셨습니다. 신부의 아픈 마음과 목회자의 안타까운 심정도 느낄 수 있었습니다. 그 자리에 있던 우리가 가족이 되어 결혼식을 준비해 주자고 했고, 앞으로는 북에서 온 외로운 청년들의 결혼식을 모든 성도님들이 단순한 하객이 아니라 친 동기의 심정으로, 혹은 대갓집에서 귀한 자식을 결혼시키는 심정으로, 공동체의 모든 영가족들이 이모, 고모, 큰아버지, 삼촌, 언니, 누나가 되어 결혼식에 참석하자고 했습니다. 물론 이 제안에 모두가 찬성했습니다. 목사님과 사모님께서 혼주가 되기로 했고, 저는 채리티 팀장으로서 신부와 상의하며 친정 엄마의 마음으로 결혼식을 준비했습니다.

또한 채리티 팀 권사님들은 신랑과의 상견례 겸 식사도 하며, 모두 즐거운 마음으로 결혼식 준비에 동참했습니다. 우리는 신부와 함께 드레스를 맞추고 혼수를 준비했습니다. 침대 이불세트도 함께 구입했고, 신랑이 미리 준비해둔 아파트에 가재도구와 커튼도 함께 준비했습니다. 행복한 시간이었습니다. 예식을 준비하면서 신부는 자신이 얼마나 북사선 모든 성도님들로부터 사랑을 받는지 고백하기도 했습니다.

결혼식은 COVID-19가 대유행하던 시기였습니다. 하객이 50명으로 제한되었기 때문에 다른 결혼식장은 텅텅 빈 상태였지만, 우리는 법이 허용하는 범위 내에서 교대로 예식장 안에 들어가며 결혼을 축하해 주었습니다. 그날 신부 측 하객은 100명이 넘는 북사선 성도들로 붐볐습니다. 권사님들은 신부의 기를 살려주려고 신랑 측 혼주들께 정중하게 인사를 드리기도 했습니다.

식장 안 하객들은 분명히 50명이었는데, 가족사진을 찍는다는 방송이 나오자 어디에 있었는지 이곳저곳에서 끊임없이 나와 카메라 프레임을 가득 채웠습니다. 북사선 영가족은 이모, 삼촌, 고모, 언니, 오빠, 동생으로서 팬데믹을 초월해서 모였고, 그 광경은 모두에게 감동 그 자체였습니다. 한 화면에 다 담기 어려워 사진 촬영하는 분이 가족들의 위치를 한참이나 조정해야 했고, 신부는 그날 세상에서 가장 행복하고 아름다운 신부로서 수많은 가족들의 축복과 사랑 속에서 성대한 결혼식을 치렀습니다.

이 일 이후로 남한에서 태어났지만 친척이 별로 없는 청년들도 언젠가 치러질 자신의 결혼식에도 이렇게 해줄 수 있냐는 질문을 쏟아냈고, 결혼을 앞둔 청년들이 한둘 늘어났다는 기쁜 소식도 이어졌습니다. 북사선은 수련회 날짜가 먼저 잡혀 있다 하더라도 결혼식이 겹치면, 모든 우선 순위를 결혼식에 맞춥니다. 그리고 이를 불편해 하는 사람은 아무도 없습니다. 그만큼 북사선에서는 결혼식을 본인의 일로 여길 만큼 중요하게 생각하고 있고, 결혼을 앞둔 청년들은 가장 큰 걱정이었던 가족과 하객 문제에서 자유롭게 되었다고 말합니다.

　북한에 계신 부모님을 대신할 혼주도, 예식장을 채워줄 가족 하객도 언제든 넉넉히 준비되어 있는, 진정한 영가족이 있다는 것을 깨달은 것입니다. 이것이 바로 북사선입니다. 북사선 청년들의 결혼식을 비롯해 각종 애경사를 담당하는 멤버들의 모임을 채리티 팀(Charity Team)이라 부릅니다. 앞서 소개한 자매는 남한 사회에서 취직하여 자리 잡았고, 예쁜 딸을 낳아 행복하게 잘 살고 있습니다. 북사선 공동체는 앞으로 누구의 결혼식이든, 누구의 장례식이든, 진정한 가족이 되어 그 곁을 끝까지 지켜줄 것입니다.

(경상북도 포항시)

　40대 초반에 하나님을 만나 사랑의교회에 출석한 이후, 2009년부터

남편과 함께 북사선에 참석하고 있습니다. 처음 이곳에서 여러 교육을 받은 후 새가족 부서에 배정이 되었고, 북에서 남으로 이사 오신 형제자매들을 5~6년간 매주 만나며 섬길 기회가 주어졌습니다. 새가족부는 4주의 과정 동안 사랑의교회와 북사선을 소개하며 서로의 삶을 나누고, 단기간에 뜨겁게 하나님의 사랑을 전하며 복음을 제시하고 결신까지 시키는, 최적의 프로그램을 가지고 있는 부서입니다.

저는 어떤 어려움이 있어도 북사선의 예배와 찬양, 섬김의 자리에만 가면 영이 살아나고 행복해지기에, 매주 이 자리를 지키려 했습니다. 수년의 시간이 지나면서 잘 정착하여 지금까지 같은 공동체에서 교제하고 있는 분도 있고, 아쉽게도 여러 이유로 공동체를 떠나 얼굴과 이름마저 희미해진 분들도 있지만, 어쨌든 많은 영혼들을 만날 수 있었던 것은 개인적으로 하나님의 특별한 은혜였고 감사한 시간이었습니다.

새가족부에서 만났던 많은 사람들 중에 유독 생각나는 자매가 있습니다. 새가족부를 섬긴 지 2년차 되던 해 만난 24세의 그녀는 북에서 큰 무역 사업을 하시던 아버지가 몰락하면서 힘든 시간을 보내게 되었다고 했습니다. 게다가 당시 병환으로 고생하시던 어머니를 최선을 다해 간병했지만, 결국 소천하시고 말았습니다. 어머니의 임종 후 아버지께서 "네가 하고 싶은 공부를 마음껏 해보라"시며 남한행을 권하셨고, 큰 결단 가운데 한국으로 오게 되었다고 했습니다.

그녀는 중국을 거쳐 태국으로 넘어갔는데, 국경경비대에게 발각될 절박한 상황에 놓이게 되었습니다. 순간 국경 철조망을 붙들고 자신도 모르게,

"하나님 제발 저를 살려주세요"라고 간절하게 눈물로 기도했는데, 기적처럼 도움의 손길을 만나 위험을 뚫고 남한에 입국하게 되었다고 했습니다. 하나님을 알지 못했던 그녀가 어떻게 그럴 수 있었는지 의문이 들었는데, 어렸을 때 할머니가 고쟁이에 손을 넣어 돈이나 사탕을 주시면서 "하나님을 믿어야 한다"라고 조심스럽게 얘기하곤 하셨고, 종종 이불을 덮어쓰고 기도하시던 할머니에 대한 기억도 있다고 했습니다.

그래서였을까요? 그녀는 위급한 일이 생기면 자기도 모르게 하나님을 찾게 되었고, 지금은 돌아가셨지만, 할머니의 믿음의 기도가 손녀딸을 구했다는 생각을 한다고 했습니다.

그렇게 만난 그녀는 새가족부를 수료하고 청년부 다락방에 소속되어 예배에 참석하면서 늘 제 주변에 머물러 있었습니다. 새가족실에서 다른 분을 섬기고 있을 때 불쑥 들어와 "집사님" 하고 활짝 웃는 얼굴로 저를 찾아와 조금 당황하게 만든 적도 있고, 어느 날은 버스 안이라며 전화를 걸어와 늦은 나이에 시작한 대학 신입생의 기쁨을 이것저것 얘기 해 주기도 했습니다. 때로는 아르바이트와 공부를 병행하는 것을 힘들어하면서도 최선을 다하며 자존감을 잃지 않으려는 모습을 보여 주었습니다.

"저는 공부 머리는 아니예요"라고 말하면서도 모르는 것이 있을 때면 막냇동생뻘 되는 학우들이나 교수님을 찾아가는 것도 주저하지 않고 꼭 도움을 받아 해결하던 그녀는 나날이 성장해갔습니다. 저희 부부도 가끔 집으로 오가며 식사 교제와 삶을 나눴고, 방학 때나 개학 때 기숙사에 짐을 옮겨주는 일을 돕기도 했습니다. 그러던 중 북에 있는 가족들을 데려오려고 노력하다가 빚을 지게 되었는데, 그마저 브로커에게 속아 금전적 손해를 보는 가슴 아픈 일도 있었지만 청년부 순장의 도움과 위로 안에서 스스로 일을 하며 다 갚아내는 성실함도 보여 주었습니다.

남한에 정착하며 수많은 어려움 속에서도 쉽게 빠질 수 있는 유혹에 넘어가지 않으려는 다짐과 노력이 참으로 대견스러웠습니다. 그리고 탈북민 청년을 위해 교회 내외에서 제공하는 많은 프로그램에 최선을 다해 참석했는데, 특히 단기 유학을 갔던 미국, 영국, 캐나다 등지에서 많은 것을 보고 들은 경험을 놓치지 않고 자기 것으로 만들어가는 모습을 보였습니다. 그녀는 새로운 전공을 위해서 열심히 준비해 편입도 했고, 또 다른 도전을 하게 되었는데, 졸업할 무렵 통일부에서 주최하는 1년 단기 미국 유학을 신청해서 함께 기도하는 중 최종 합격을 하게 되었습니다.

유학을 준비하는 과정 중 제게 일대일 양육을 받고 싶다고 했는데, 유학 날짜가 얼마 남지 않자 매주 시간을 내어 그녀의 동선에 맞춰서 대학 앞 스터디 카페와 교회 빈 공간을 찾아다니며 약 10주간의 양육을 무사히 마쳤습니다. 그녀는 양육과정을 통해 더 알게 된 하나님을 그곳에서도 꼭 붙들겠다고 약속했습니다. 미국으로 떠나고 공부가 끝나던 무렵 잠시 귀국했을 때, 어떤 가정의 도움으로 좀더 원하는 공부를 하기로 했다며 마지막 인사를 나누었습니다. 그때 그녀는 서른 살 즈음이었습니다.

그녀와 함께한 시간들을 다시 돌이키며 선명하게 기억되는 매 순간이 가슴에 밀려와 감동과 감사로 눈가를 적십니다. 당시 경제적으로 어려웠던 개인적인 상황 때문에 하나님이 제게 보내주었던 그녀에게 더 많은 사랑을 주지 못한 것이 너무 아쉽습니다. 지나고 보니 그녀를 통해 제가 하나님의 사랑과 위로를 받았습니다. 제가 섬기면서 부족했던 부분까지 그녀의 삶을 채워 주시고 돌보아 주시길 기도합니다.

(서울특별시)

제가 하나님을 아버지라고 부르며 신앙생활을 시작했던 곳은 '반석학교'였습니다. 첫 교회는 '사랑의교회'이고요. 낯설기만 하던 남한에서 학업을 어떻게 시작할지 몰라 난감했을 때, 학교 홍보차 나오신 교감선생님을 만나 뵙고 반석학교에 입학했습니다. 반석학교는 사랑의교회 후원으로 탈북청소년 학생들이 검정고시와 대학입시를 준비하는 대안학교입니다. 규모는 크지 않았지만, 언제나 따뜻한 선생님들이 학생 한 명 한 명을 자녀와 같이 품어주는 가족 같은 분위기였습니다. 좋은 선생님들과 학우들이 있는 곳이었지만, 학교생활을 하는 데는 어려움이 많았습니다. 당시 저에게 가장 큰 고민은 앞으로 이 사회에서 혼자 살아가야 한다는 막막함과 외로움이었습니다.

태어난 곳은 선택할 수 있는 영역이 아니지만, 삶의 가치와 어떤 목표를 정할지는 선택할 수 있는 부분이라고 생각합니다. 북에서 학업을 마치고 막연하기만 했던 진로에 대한 고민은, 한 인간으로서 존중 받고 사회에 기여하는 삶을 살고 싶은 의지와 동경으로 이어져 한국으로 오게 되었습니다. 한국으로 오기 위해 오랜 시간 마음의 준비를 한 것이 아니라 어느 날 갑작스럽게 오게 되었기에, 달라진 현실을 받아들이는 것이 너무 혼란스러웠습니다. 북에 있는 가족이 너무 보고 싶고, 학교 공부를 마치면 어두운 빈집으로 들어가는 것이, 저는 매우 두려웠습니다. 혼자라는 생각은 저를 더욱 외롭게 만들었고, 자다가 꿈을 꾸면 부모님 생각이 간절해 자다 깨어 울기를 반복했습니다. 마음이 힘들 때 누군가와 이야기를 나누고 싶어 핸드폰을 열었지만, 수많은 연락처 중에 연락할 사람이 한 명도 없다는 현실은 저를 더 힘들게 했습니다. 이런 우울한 기분은 삶에 대한 의지와 목표를 무의미하게 만들었고, 학교생활에도 부정적인 영향을 끼쳤습니다. 우울하고 답답한 감정이 지속되다 보니 제게 다가왔던 친구들도 하나둘 떠나갔고, 학업에 대한 마음도 점점 더 멀어지게 되었습니다. 앞으로의 진로를 생각할 때도 입시를 준비하여 대학에 진학할 것인지, 아니면 혼자만의 시간을 가진 뒤 나중에 학업을 이어갈 것인지 고민되었고, 시간이 지날수록 마음만 조급했습니다. 성급한 마음과 무기력한 생각에 잠겨 선생님들의 따뜻한 손길도 외면하고, 솔직하게 본인의 심정을 털어놓기보다는 스스로 외롭게 생활하고 있었습니다.

  이런 시간이 계속되면서 학교에 대한 흥미는 없어졌고, 자연스레 학교생활을 게을리하게 되었습니다. 끊임없는 선생님들의 관심과 사랑에도 여전히 힘들었고, 학교를 그만두고 싶은 상황에까지 이르렀습니다. 그렇게 몇 개월의 시간을 무료하게 보내고 선택과 집중을 해야 하는 시점에, 수학 선생님과 상담을 하게 되었습니다. 선생님은 제 손을 꼭 잡아 주시며, 그동안 어떤 고민이 있었는지, 무엇이 힘들었는지, 그 이유는 무엇인지 차분히 들어 주셨습니다. 선생님은 '이런 상황에서 선택할 때 삶의 우선순위를 정하고, 자기 힘으로 어떻게 할 수 없는 것은 마음을 내려놓아야 한다'고 말씀해 주셨습니다. 그 외에도 선생님은 제가 바로 설 수 있도록 진심 어린 말씀들과 위로로 따뜻한 온기를 주셨습니다. 그날 선생님과의 시간을 통해 나는 더 이상 혼자가 아니며, 내게도 학교라는 집과 부모님 같은 선생님들이 계신다는 것을 알게 되었습니다. 선생님들은 언제나 그 자리에서 기다려 주셨고, 한결같이 사랑으로 품어 주셨습니다. 그 후 즐거운 학교생활을 하면서 꿈을 향한 도전과 꾸준한 노력으로 꿈에서도 소원한 대학에 입학할 수 있었고, 반석이라는 보금자리와 더불어 성장할 수 있었습니다.

반석학교 선생님들은 저와 같이 자신의 꿈을 찾아 학교에 입학한 모든 친구들을 한국에 잘 적응할 수 있도록 차근차근 이끌어 주시고, 개개인의 아픔까지 들여다보시며, 세상에서 소외될 새라, 아플 새라, 친자식처럼 여기며 그치지 않는 변함없는 사랑을 주셨습니다. 선생님들은 무엇부터 어떻게 시작할지 몰라 두려움과 배움의 갈망이 교차해 혼란스러워 하던 제게 부모님이 되어 따뜻하게 품어 주시고, 비전을 향해 도전할 수 있도록 학업에 대한 자신감과 정체성을 찾아 주셨습니다. 세상을 살아가는 당당함과 용기를 주시고 헌신적인 정성을 기울여 주신 선생님들의 사랑은 제 삶의 자양분이 되었습니다. 그리고 우리에게는 언제나 반석학교를 위해 아낌없는 보살핌과 헌신적인 사랑으로 함께해 주시는 사랑의교회 목사님과 성도님들이 계십니다. 권사님들은 10년이 넘게 맛있는 집밥과 정성이 담긴 음식으로 반석학교를 찾아 주십니다. 단순한 음식이 아니라 부모님의 사랑을 주시고, 모든 것은 하나님이 하시는 일이라고 하시면서 그리스도의 사랑을 전해 주십니다. 이렇듯 반석의 모든 학생들은 무한한 사랑을 받고 자라며 믿음으로 주님께 나아가고, 하나님의 자녀로 성장하고 있습니다.

저도 반석학교에서 공부하면서 사랑의교회에 다니게 되었고, 창조주 하나님을 아버지로 영접하게 되었습니다. 학교에서 선생님과 친구들이 예배시간에 열심히 기도하고 말씀 읽는 모습을 보며 자연스럽게 신앙의 세계로 이끌려가게 되었고 하나님을 아버지로, 예수님을 영원한 구세주로 믿게 되었습니다. 반석학교는 저를 학업만이 아니라 한 사람의 인격체로서, 그리고 나아가 신앙인으로 성장시켜 주었고, 하나님의 은혜와 역사하심을 굳게 믿고 더욱 열망하는 성도로 세워주었습니다. 막연한 미래에 대한 불안감은 예수님 안에만 거하는 삶을 살면 못할 것이 없다는 믿음으로 자랐고, 혼자라고 생각했던 외로움은 하나님 안에서 이렇게 영가족의 일원이 되어 새로운 삶, 영원한 생명을 살아가고 있습니다. 저를 주님의 자녀로 살게 해주심에 감사합니다. 하나님은 언제나 제 삶 가운데 함께하시며, 예배를 받으시고 축복해 주고 계십니다. 하나님을 만나게 해주신 모든 분들에게 감사하고 존귀하신 예수님의 귀하심과 위대함을 찬양하며 이 모든 영광을 하나님께 올려드립니다.

(양강도 혜산시)

초기 북사선은 작은 개척교회 같아서 한 분이 여러 사역을 함께 감당해야 했습니다. 많은 분들이 북사선 사역에 참여했지만, 인식과 경험 부족으로 마음 깊이 받아들이지 못하기도 하고, 이로 인해 서로 상처를 주거나 받기도 하며 떠나는 분들도 많이 있었습니다.

남한 성도들은 북에서 온 분들의 정서를 잘 몰랐고, 북에서 온 분들은 남한의 현실과 성도들의 마음에 대한 이해가 부족했기에, 서로 많이 실수할 수밖에 없었던 것 같습니다. 고린도전서 13장 말씀처럼 사랑의 마음이 더욱 필요하고, 더 많이 채워져 섬겨야 할 공동체라는 생각이 들 때가 많았습니다. 남한 지체들은 가르치려는 생각보다 북에서 온 지체들의 이야기를 잘 들어주며, 공감의 능력을 키우고 마음의 눈을 열어 선한 배려와 감사한 마음을 겸비해야 하지 않을까 생각합니다. 그들에게 무언가 더 배우려는 좋은 습관도 필요할 것 같습니다. 무엇보다도 피차에 하나님의 때를 인정하고 잠잠히 기다리며, 중보하는 마음이 필요할 것 같습니다.

당시 강남 성전에서는 북사선이 실외에서 사역했기에, 겨울에는 매우 추웠고, 여름에는 아주 더웠으며, 비가 올 때는 마음이 힘들기도 했습니다. 물론 이렇게 어려운 환경일수록 주님을 더 가까이하며(히 4:16), 말씀을 받아 마음을 강하게 먹으려 애썼습니다. 필요를 구할 때는 담대히 구했는데, 때마다 구름기둥과 불기둥으로 인도해 주시고, 어려움이 속히 지나갈 것이라는 마음을 주셔서 그 당시 하나님과 뜨겁게 만났던 기억들이 참 많이 남아있습니다.

그러던 중 2008년 1월, 북한 어린이들을 먹이고 돕기 위한 양저금통 사역(현 사랑광주리)이 시작되었습니다. 많은 분들이 참여하는 일이고, 더구나 돈을 정리하는 일이라 실수가 없도록 주님을 더욱 의지할 수밖에 없었고, 매의 눈으로 상황을 지켜보아야만 했습니다. 처음 양저금통이

올 때는 돈을 넣는 구멍만 있고 꺼내는 구멍이 없어서 일일이 가위로 잘라 돈을 꺼내야 했습니다. 어느 성도는 양저금통에 만 원짜리 신권 50장을 접어 꽉꽉 채워 가져오기도 하셨습니다. 돈이 손상될까봐 아주 조심스럽게 꺼낸 기억이 있는데, 기꺼이 돈을 넣으신 분의 정성을 생각하니 아주 기분이 좋았습니다. 다섯 장의 수표를 넣어 오신 분, 지폐를 골고루 가득 채워 오신 분, 오백 원짜리 동전만 가득 채워 오신 분 등 여러 모양으로 정성스레 저금통을 가져오신 분들을 생각하니 가슴이 뭉클했고, 그 따스함이 고스란히 전해졌습니다. 커다란 동전자루에 많게는 스물다섯 자루를 채우는 일도 있었는데, 물론 바빴지만 그 따뜻한 마음은 이루 설명하기가 힘들었습니다.

그렇게 시작된 양저금통은 지금의 사랑광주리로 이어져 더 규모 있고 체계적으로 성장해갔습니다. 북한의 영유아를 먹여 살리자는 취지로 시작된 사랑광주리는, 북한의 5세 이하 영유아들에게 즉석 영양 보충식으로 전달됩니다. 여러 루트를 통해 북한의 고아원에 먹을 것을 지원하기도 하고, 국내의 쪽방촌이나 코로나로 어려움을 겪고 있는 이웃들에게 도움의 손길을 내밀기도 합니다. 섬김의 손길이 많이 필요했던 이곳에, 이토록 헌신의 마음이 차고 넘치는 것은, 때를 따라 도우시는 주님의 은혜 덕분입니다. 이렇게 주를 따라 일할 때 좋은 추억까지 더해 주시는 하나님께 감사드립니다.

(대구광역시)

그에게는 아내와 딸이 있습니다. 주일마다 그 가족을 보고 있으면, 행복 바이러스가 나를 감싸고 있는 것처럼 느껴집니다. 온 가족이 코로나에 걸려서 힘든 시기를 보내기도 했지만, 그럼에도 아랑곳하지 않고 열심히 예배에 참여하는 그 가족을 보면, 주님께 온전히 맡기는 삶에 이미 익숙해진 듯한 그들의 모습이 아름답게 보입니다.

그를 처음 만난 것은 러시아에 계신 어느 선교사님께 선교 물품을 보내기 위해, 분당의 한 아파트 단지 안에 있던 교회를 찾아갔을 때입니다. 그에 대해서 알고 있는 것은 단지 러시아 선교사님의 양아들이라는 것과 그의 전화번호였습니다. 물건을 전달할 때 지나가던 청년이 그를 전도사님이라고 부르기에, 그가 목회자인 줄 알게 되었습니다. 그리고 1년쯤 지났을까요. 북사선 담당 목사님으로부터 그가 북사선으로 온다는 소식을 접하게 되었고, 고향이 북쪽이란 사실도 알게 되었습니다. 그리고 얼마 후, 4부 안내 봉사를 하고 있는데 청년부에서 본당에 북한 관련 서적을 전시하고 있는 것을 보았습니다. 사랑의교회 청년부에서도 북한 관련 활동을 하고 있는가 싶어 우리 북사선을 소개했고, 이번에 북한 출신 사역자가 오시게 되었다고 말을 건네자 청년들 중 하나가

"혹시 그분이 노크병사 아닌가요?"라고 물어왔습니다. 저는 잘 모르겠

다고 답을 했고, 북한 관련 서적 중 〈탈북민을 위한 법률상담〉이라는 책을 하나 얻어서 읽었습니다.

작년 11월, 그가 북사선에 왔습니다. 예전에 분당에서 본 모습을 어렴풋이 떠올리며 서로 인사를 했고, 그도 나를 기억해 주는 것 같았습니다. 당시 나는 영커플 순장을 맡고 있었는데, 그가 영커플 교구와 청년부를 담당하게 되면서 더욱 가까워질 수 있었습니다. 그와 나눈 이야기를 통해 하나님이 그를 빛으로 인도하셨고, 빛 되신 예수님이 늘 그와 동행하고 계시고 주님을 보이는 세상의 빛으로 그를 사용하고 계심을 나누고 싶습니다.

먹을 것이 부족한 북한이지만, 그래도 그는 배를 곯지 않는 집에서 태어나 유년 시절을 보냈습니다. 가고 싶은 곳이 많았던 그에게, 이동의 자유가 허락되지 않는 북한의 실정은 10대 시절을 갑갑하게 했고, 어떻게든 지금 사는 곳이 아닌 다른 곳으로 떠나고 싶다는 마음이 가득했습니다. 최후에 그가 선택한 방법은 군에 입대하는 것이었습니다. 군에 입대를 하면 고향에서 떠날 수 있었기에, 몇 번이나 신체검사에서 떨어졌음에도 입영 담당 공무원에게 며칠이나 생떼를 써서 마침내 군에 입대를 하게 되었습니다. 아브라함이 고향 갈대아 우르를 떠나 하란에서 진정한 자유를 누리지 못한 것처럼, 하란이었던 그의 군 생활도 그에게 자유를 허락하지는 않았습니다. 군대는 또 다른 속박이었고, 어디든 날아가고 싶은 그의 욕구는 날로 커가고 있었습니다. 그런 마음이 커질 때마다 멀리 남쪽에서 밝게 빛나는 불빛은 그를 더욱 우울하게 했습니다.

군 생활을 4년쯤 한 어느 날, 그는 부사관의 모욕적인 언행에 맞서 대판 싸우게 되었고, 분을 참지 못해 영내를 나와 물끄러미 하늘을 바라보며 언덕에 앉아 있던 중 어느덧 밤이 되어 버렸습니다. 막사로 돌아갈지, 아니면 죽으러 갈지 번뇌로 가득할 때 그의 눈에 들어오는 것이 있었습니다. 바로 남쪽에서 밝게 빛나는 불빛이었습니다. 그날은 주변이 칠흑같이 어두워, 평소보다도 유난히 밝게 빛나고 있었습니다.

"여기서 죽으나 가다 죽으나 매한가지, 남쪽의 불빛을 보고 가자!"

한 번 결심한 그의 마음에는 망설임과 주저함이 없었습니다. 오직 빛을 향해서 그는 발걸음을 재촉했습니다. 초소를 피하고 낮을 피해 3일 밤을 오직 빛이 보이는 곳을 향해 걸었습니다. 배고픔과 갈증, 피곤함이 몰려왔지만, 남쪽의 빛은 모든 것을 잊게 했고, 마침내 휴전선 철조망에 다다랐습니다. 이제 돌아갈 수 없다는 막막함은 이스라엘 백성이 홍해를 만났을 때의 좌절감과 같았을까요? 그러나 휴전선 너머에서 밝게 빛나는 그 빛은 막막함을 말끔히 씻겨냈고, 그는 북한 철조망을 넘어 남측의 철조망에 다다랐습니다. 남측의 철조망은 3중으로 되어 있고, 더 튼튼했습니다. 첫 번째 철조망을 넘고 두 번째 철조망을 넘을 때, 갑자기 가까이

다가오는 남쪽의 군인들을 발견했습니다. 이제 죽었구나 싶었답니다. 그는 몸을 잔뜩 움츠린 채, 알지도 못하는 분에게 간절히 무언가를 읊조렸습니다. 그 순간, 가까이 다가오던 군인들이 되돌아가는 것이 아니겠습니까? 그때는 그것이 우연인 줄 알았지만, 우연이 아니라 필연적 사건임을 지금의 그는 고백합니다. 철조망을 넘어 가까운 남쪽 막사에 가서 노크를 했으나 비어 있는 막사였습니다. 조금 더 남쪽으로 내려가니 부대가 하나 나왔고, 그 부대의 초소에 들어가자 남한 병사와 얼굴을 맞닥뜨리게 되었습니다. 그러나 그보다 더 놀란 것은 남한 병사였다고 합니다. 그도 그럴 것이 온몸이 피투성이가 된 북한 병사가 자신의 앞에 나타났으니까요. 놀란 남한 병사는 보자마자 뒤돌아갔고, 얼마 있다가 몇몇 군인들과 함께 나타났습니다.

그는 대한민국으로 오는 과정을 통해 하나님의 역사하심을 보았습니다. 왜 하나님은 그의 마음에 자유에 대한 갈증을 넣으셨을까요? 왜 그는 자유를 얻는 방법으로 군대를 선택했을까요? 왜 하필 그는 남쪽의 불빛이 비쳐 보이는 지역으로 배치 받았을까요? 왜 그는 군대에서 선임 병사와 싸우게 되었고, 왜 탈영이라는 극단적인 선택을 했으며, 왜 그가 지나온 길에서는 지뢰가 터지지 않았을까요? 그는 그곳에 지뢰가 있는지조차 몰랐을까요? 철조망을 넘을 때 가까이 다가오던 군인들은 왜 돌아간 것일까요? 그가 남쪽 부대에 왔을 때, 왜 우발적 총격이 없었을까요?

아마 하나님께서는 그를 통해 자신의 살아계심을 우리 북사선 성도들에게 알려 주시고자 함이 아닌가 생각해 봅니다. 휴전선의 불빛은 북에서 넘어오는 군인을 저지하려고 만든 것이지만, 하나님은 그 불빛을 북에서 넘어오는 한 영혼을 구원으로 인도하시는 불빛으로 사용하고 계셨다는 사실을 알게 되었습니다. 하나님은 이제 그를 강단에 세워 하나님의 말씀을 선포하는 주의 종으로 사용하고 계시고, 남과 북이 함께하는 북사선 청년들의 신앙 병참기지를 더욱 든든히 지키는 데 사용하십니다. 나아가 이렇게 길러진 청년들이 성령께서 이끄시는 복음으로 사랑의교회 청년들과 대한민국의 청년들을 자신의 믿음보고서에 편입시키고, 또 다른 믿음보고서를 써내게 하는 선봉장이 될 것을 믿으며 간절히 기도합니다.

(충청남도 천안시)

"주 하나님 지으신 모든 세계 내 마음속에 그리어 볼 때

하늘의 별 울려 퍼지는 뇌성 주님의 권능 우주에 찼네

주님의 높고 위대하심을 내 영혼이 찬양하네

주님의 높고 위대하심을 내 영혼이 찬양하네"

모두가 찬양에 빠져 있을 때, 언덕 모퉁이에서 한 금발 여인이 휴대폰으로 우리를 촬영하면서 눈물을 흘리고 있었습니다. 그 여인은 우리에게 다가와서는 찬양 곡조가 어릴 때 어머니와 함께 전도여행을 갔을 때를 생각나게 해, 우리가 찬양하는 모습을 어머니에게 영상통화로 보여주고 있었다고 했습니다. 목사님은 그 여인에게 우리의 비전트립의 목적을 설명하고 북한과 한반도의 통일을 위해 기도해 달라고 했습니다. 그 여인은 당연히 기도하겠다면서 미국을 위해서도 기도해 달라고 했습니다. 미국 사회가 점점 더 하나님과 멀어지고 그리스도를 잊어가고 있다면서요. 우리는 디아스포라 이민교회에 기도의 불길을 일으키러 왔고, 그 기도는 북한을 위한 기도를 해 달라는 것이었는데, 오히려 그 여인이 우리에게 미국을 위해 기도해 달라고 했던 요청은 우리 마음에 큰 여운을 남겼습니다. 북한과 한반도가 기도를 받아야 할 대상인 것 같지만, 우리 또한 미국이라는 거대한 나라를 위해 기도해야 한다는 소명이 있다는 사실은 많은 생각을 하게 했습니다.

애리조나주 의회와 피닉스 그랜드캐니언 대학교(GCU)를 방문했을 때였습니다. 탈북 자매의 북한에서의 생활, 목숨을 건 탈북, 그 과정에서 하나님과의 만남, 사랑의교회 반석학교에서의 공부, 그리고 대학생활로 이어지는 간증을 듣던 Brophy McGee 상원의원은

"You are my HERO!(당신들은 나의 영웅입니다!)" 라며 눈물을 흘렸

고, 의사당 내로 우리를 안내하며 한 사람 한 사람과 같이 사진을 찍었습니다. 그랜드캐니언 대학을 방문했을 때 소탈하게 청바지를 입고 면담장으로 들어온 Brian Mueller 총장은 자유를 찾아 탈북한 학생들과 미국 학생들을 비교하며, 미국의 대학생들은 자유가 당연한 것으로 생각하여 자신들이 누리는 그 흔한 자유를 위해 왜 당신들은 목숨을 걸고 찾아와야만 했는지 이해하지 못한다며, 만약에 당신들이 GCU에서 공부하기를 원한다면 Full Scholarship(전액 장학금) 유학을 지원하겠다고 약속했습니다. 1년이 지난 2021년 12월 28일, 한 명의 탈북 여학생이 그랜드캐니언 대학교로 유학을 떠났습니다. 그 학생의 유학을 위해 교회와 반석학교, 또 애리조나의 교민들이 많은 역할을 했습니다. 그것은 그 한 학생을 위한 것이 아니라 하나님이 원하시는 일이라 믿었기 때문입니다.

12박 13일의 미국 비전트립은 순식간에 지나갔습니다. 미국에서 돌아오던 날, LA공항에는 비상 사이렌이 울리며 혼란스러웠습니다. 공항 직원의 말로는 코로나 바이러스의 전파를 우려하여 중국에서 온 항공기 탑승객 전원을 격리시켰다가 모두 중국으로 다시 돌려보내려 한다고 했습니다. 비전트립을 마치고 인천공항에 도착한 날, 우리는 다시 마스크를 썼습니다. 그날부터 공항은 통제되고 미국행 항공기는 날지 못했지요.

2020년 미국 비전트립은 우리가 예상하지 못했던 결과를 만들어냈습니다. 비전트립 12일 동안 같은 공간에서 먹고, 자고, 이동하면서 찬양과 간증을 통해 하나님을 증거했습니다. 낮에 있었던 감동을 밤에 되새기며 서로를 알아가는 시간이 길어졌습니다. 각자의 벽을 조금씩 낮추고, 그 벽이 점점 허물어지면서 자신을 보여주게 되었고, 정서적인 유대감은 커져갔습니다. 정기적으로 주일에 만나서 예배드리는 영적 공동체에서 정서적 교감을 나누는 가족 공동체로 변화되는 듯했습니다. 어른들은 청년들을 자식처럼 여기며 안쓰러운 존재로 여기게 됐고, 청년들은 어른들을 친부모처럼 따랐습니다.

대학으로 돌아간 청년들은 미얀마에서 발생한 폭정을 보고, 미얀마가 북한처럼 되어서는 안 된다며 그들을 돕기 위한 모금을 했습니다. 그들의 이러한 시도는 교회 전체로 퍼져 많은 금액의 헌금을 미얀마로 보내는 마중물이 되었습니다. 이제 청년들은 자신과 한국 내에만 머물던 시선을 더 넓은 세상으로 향하며, 생각과 삶에 변화를 보여주고 있습니다. 교회에서 수동적인 공동체 활동에 만족하던 그들은, 이제 리더의 역할을 감당하고 있습니다. 되돌아보면 2020년 미국 비전트립은 미국 디아스포라 한인교회에 한반도 통일을 위한 기도의 불길을 일으키기 위해 추진되었지만, 오히려 그 불꽃이 우리에게 붙어 북사선을 남북이 하나되는 영적인 공동체로 더욱 성숙시키는 큰 역할을 한 것 같습니다.

사랑의교회에는 탈북 학생들과 탈북민 자녀의 대학 진학을 지도하기 위한 반석학교가 있습니다. 탈북학생들은 일반적으로 남한에서 요구하는 학력을 갖추고 있지 못하기에, 대입검정고시를 통해 대학 입학 자격을 취득합니다. 반석학교에는 20~30여 명의 학생들이 1년에서 2년 정도의 교육을 받고, 그중 대부분의 학생들이 대학에 입학하게 됩니다.

반석학교는 별도 법인으로 설립되어 있지만, 북사선 담당 목사님이 교장으로 임명되어 있고, 신앙이 있거나 사랑의교회 장학금을 받는 학생들은 북사선 주일예배에 참여하고 있습니다. 또 북사선 성도들이 정기적으로 후원활동을 하고 있습니다. 하지만 학교 공간 건축을 위한 땅밟기가 시작되기 이전에는 북사선 성도들과 반석학교 간에 서로 긴밀한 유대관계가 형성되어 있다고 보기는 어려웠습니다.

작년 2021년 5월에 있었던 일입니다. 목사님은 예배시간에 반석학교의 어려움에 대해서 설명하면서, 우리가 할 일이 무엇인가 생각해 보자고 했습니다. 반석학교는 집이 먼 학생들을 위해서 기숙사를 운영하고 있었는데, 여학생 숫자에 비해 방과 화장실 개수가 부족한 듯 느껴졌습니다. 목사님은 이런 상황에서 여학생들이 어떻게 생활하는지 의문이 생겨 면담을 통해 조용히 물어보았다고 합니다. 여학생들은 별로 힘들지 않다고 했지만, 몇 번을 다시 물어보니, 아침에는 시간이 없어서 바깥으로 나와 지하철역 화장실을 사용한다고 했답니다. 목사님은 가슴이 먹먹했습니다. 노숙자도 아니고, 한창 수줍음 많은 나이의 여학생들이 지하철 화장실을 사용하다니요.

목사님은 반석학교 교육 시설과 기숙사 문제를 두고 기도하자고 했습니다. 우리는 40일 작정 금식 기도를 했습니다. 북사선 전 성도들이 참여해서 금식기도를 했고, 40일이 지나자 목사님은 반석학교를 위한 1년간의 땅밟기와 작정 헌금을 제안했습니다. 우리의 꿈은 반석학교 교육 시설과 기숙사를 수용할 수 있는 건물을 구입하는 것이었습니다. 무모할지라도 하나님의 인도하심을 믿고, 4개 그룹으로 나눠서 서초동 일대와 반석학교까지 땅밟기를 시작했습니다. '반석학교 드림 실행을 위한 땅밟기'라고 이름을 짓고, 뜨거운 햇살에도, 비 오는 날에도, 우리는 한 달에 한 번씩 중단하지 않고 땅밟기를 진행했습니다. 북사선 성도들은 물론, 땅밟기 소식을 들은 성도들까지 자원하여 많은 헌금을 작정하게 되었습니다. 갓 대학에 입학한 반석학교 선배들도 아르바이트를 통해 모은 돈을 헌금했습니다. 아마 여유가 없는 성도들도, 또 있는 성도들도, 각자 나름의 꿈을 갖고 정성껏 헌금했을 것입니다.

반석학교의 꿈을 이루기 위한 땅밟기를 통해 하나님은 많은 선물을 주셨습니다. 먼저 여학생들이 기본적 생활을 할 수 있도록 크고 넓은 원룸을 추가로 임대했습니다. 항상 교회에서 지원을 받아오기만 했던 북사선이 한마음으로 헌금을 드리고, 숙소 문제를 해결했다는 사실은 매우 감사하고 뿌듯한 일이었습니다. 물론, 이렇게 인도하신 하나님께 감사했습니다.

생각하지 못했던 선물도 있습니다. 예전에는 반석학교와 북사선과의 관계가 어딘가 모르게 부자연스러우면서 덤덤한 사이였다고 한다면, 첫 땅밟기 하던 날, 북사선 남자 집사님들이 반석학교를 방문하여 기도했는데, 반석학교 선생님들은 감격해서 눈물을 흘렸습니다. 아마도 있는 듯 없는 듯 희미한 존재였던 반석학교가 북사선 성도들의 눈에 선명하게 되새겨지는 것이 새삼 고마웠던 모양입니다. 그렇게 반석학교는 북사선 안으로 '쏙' 들어왔습니다. 지금도 땅밟기 기도는 계속되고 있습니다. 작정 헌금도 물론 지속되고 있습니다. 우리는 기도했습니다. 하나님께서 어떻게 인도하실지 알 수 없어도 합력하여 선을 이루시는 하나님께서, 잘은 모르지만 무엇인가 준비하고 계신다는 것을 믿으면서 말입니다. 이미 하나님께서는 우리에게 많은 것을 주셨습니다. 눈에 보이는 것만이 아니라 보이지 않는 것들을요. 그중에 가장 큰 것은 북사선, 우리의 믿음이 더욱 성숙해졌다는 것이 아닐까 생각합니다.

(경상북도 포항시)

북사선에 들어서면 바로 보이는 벽에 '외롭지 않고 서럽지 않게 언제나 함께하는 영가족'이라는 표어가 게시되어 있습니다. 물론 북한이 고향인 분들을 위한 글귀이지만, 남한에서 나고 자란 내가 읽어도 정감이 느껴고 한 주 동안 긴장됐던 마음이 사르르 녹아내리며 친정집에 온 느낌

이 들게 합니다.

　제가 주님께 간절히 기도하고 회개의 눈물을 남몰래 흘리는 때는 모든 것이 순조롭고 평안할 때가 아니었음을 고백합니다. 2017년, 주보에 '북한선교 교육과정(Sarang Church Education North Korea Mission)' 신청 광고가 보였습니다. '북한선교 교육과정(SENK)'에 참여하면 방황하지 않고 무언가에 열중하여 시간을 보낼 수 있을 것 같은 마음이었고, 또한 담임목사님이 제시한 '7년 안에 북한에서 예배드리게 되길' 바라는 소망에 비전을 담을 수 있을 것 같았습니다. 통일을 위하여, 혹은 통일이 다가와 북한에서 예배드리게 될 때, 내가 무엇인가 할 일이 있지 않을까 싶은 생각이 들어 '북한선교 교육과정(SENK)'에 신청서를 냈습니다. 교육 중 과제가 두 개 있었는데, 독후감 쓰기와 '북사선 예배 참석하기'였습니다. 과제 해결을 위해 북사선 예배에 참석하여 참석 당일 등록한 이후로, 매주일 본당 예배와 북사선 예배에 참석하고 있습니다.

　대형 교회인 사랑의교회 특성상 느끼기 힘들었던 따뜻함과 시골 교회, 혹은 동네 작은 교회에서 느낄 법한 정이 넘치는 곳이 바로 북사선이었습니다. 이곳에는 친근한 섬김과 나눔이 있으며, 목사님 말씀도 좋으셔서 자석에 끌리듯 매주 참석하며 가랑비에 옷 젖듯 믿음을 키워 나가고 있습니다. 북이 고향인 분들과의 교류를 통해 이전에는 쉽게 경험할 수 없었던 그분들의 어려움을 조금이나마 이해할 수 있게 되었습니다. 사랑의

교회 다락방 순장님들도 순원들을 위해 많은 수고를 아끼지 않지만, 북사선 내 다락방 순장님들에게 사랑은 기본값이고, 물질과 시간을 더 내주는 것 같았습니다. 순장님에 따라 개별 은사가 다르겠지만, 북사선 다락방 순장님들을 보면서 지금까지 섬겨왔던 나의 순장 생활이 부끄러워졌습니다.

그동안 북사선에서 세 분의 순장님을 엄마처럼 기대고 의지할 수 있었는데, 처음에 같은 순원이었던 탈북한 지체가 올해부터 저희 다락방을 맡게 되었습니다. 그전에는 별다른 교류가 없기도 했고, 개인적으로 먼저 다가가는 게 어려운 사람인지라 새로운 순장님에 대해 아는 것이 별로 없었습니다. 그저 북한 지체인데, 예배 때마다 무언가를 챙겨 와서 나누는 사람, 다른 북한 지체들과는 좀 다른 면이 있는 사람 정도로만 기억하고 있었지요. 그러나 순장님과 나와 함께 보내는 시간이 쌓여가고 다락방 횟수가 늘어나면서, 점점 순장님의 매력에 빠질 수밖에 없었습니다. 북한에서 온 분들이 남한에서 잘 정착할 수 있도록 남한 지체들이 도움을 줘야 한다는 선입견이 있었습니다. 그런데 순장님은 24시간 편의점을 운영하여 몸과 마음이 고단하고, 물품 재고 관리에서 발주까지 챙기느라 수면시간도 부족한 와중에 진심으로 북사선을 섬기고 있습니다. 많지 않은 수익을 자신에게는 사용하지 않으면서도 어려운 사람이나 도움을 요청하는 곳이 있으면 누구보다 먼저 도움의 손길을 내미는 순장님과 함께 하면서 나의 부족한 모습을 보게 되었습니다. 남한에서 태어나 자유와 평화를 누리며 중산층으로 살아온 내가, 순장님을 통하여 섬김과 나눔은 경제력과 시간에서 비롯되는 것이 아니라, 따뜻한 마음과 청지기의 자세에서 비롯된다는 것을 알았습니다. 바른 청지기라면 예수님을 사랑하고 그 사랑으로 이웃까지 사랑하며 살아가야 한다는 것을 순장님을 통해 배우며 깨우치고 있습니다.

한 알의 밀알이 썩어야만 싹을 틔우고 열매가 맺히듯, 남북의 성도들이 복음 안에서 하나 되어 다가올 통일 시대를 준비하며 북한의 무너진 성전을 재건하는 그날, 복음적 평화통일을 이끌어내는 기도의 수원지가 되도록 북사선을 사용하실 것을 소망합니다. 지난 17년간 북사선을 이끌어 오신 하나님께서 우리가 땅끝까지 복음을 전할 수 있도록 인도하실 것을 믿습니다. 나 또한 주님 나라와 교회를 위하여 진심을 다하여 예배드리고 기도하며, 한 영혼을 향한 사랑의 마음을 가지고 생명의 복음을 전하는 증거자가 되어 이웃을 사랑하는 바른 청지기의 자세로 범사에 감사하며 살아가겠습니다.

(전라남도 목포시)

〈북사랑〉. 처음엔 책을 사랑하는 모임인 줄 알았습니다. 조용한 카페에

서 책을 보며 교제하는 줄 알고 그곳이 궁금해져 제자반 집사님께 물어봤습니다. 집사님은 나를 보며 한바탕 웃었습니다. 그곳은 책을 사랑하는 모임이 아니라 북한사랑의선교부로, 사랑의교회 부서라고 했습니다. 20년 차 돌아온 탕자인 나는 이렇게 허술하고 부족하기 짝이 없었지요.

20년을 세상과 벗하면서 하나님을 잊은 채 살아온 아까운 시간이 지나고 보니 내가 알던 찬송가는 온데간데없고, 잘 알지는 못하지만 은혜가 넘치는 가사와 곡조가 있는 복음성가 찬양들이 내 마음을 짓누르며 회개의 눈물로 가득 채웠습니다. 그러던 어느 날, 북한을 돕자는 오정현 목사님의 말씀에 마음이 뜨거워졌고 눈물이 났습니다. 강남 성전 주일 1부 예배를 마치고, 나도 모르게 강남대로 횡단보도를 건너서 반석빌딩을 찾아갔습니다. 지하 계단으로 내려가는 길은 협소했고, 다 내려가니 아늑한 장소가 나왔습니다. 아담해 보이는 장소에서 사람들이 분주하게 의자를 세팅하고 있었고, 나는 너무도 자연스럽게 그들과 함께 의자를 배치했습니다. 어느 집사님께서

"집사님, 처음 오셨어요?" 하며 물어왔고, 저는 2층으로 안내 받았습니다. 아마 그곳은 새가족반인 듯했고, 북한에 대해 알아야 섬길 수 있기에, 북한에 대한 영상과 교육을 4주 동안 이수해야 예배드릴 수 있는 자격이 주어진다고 했습니다.

'기껏 시간 내서 예배드리러 왔더니 4주 동안 예배도 못 드리게 하고 교육만 받으라고?'

하는 생각이 들어 순간 살짝 짜증도 났지만, 순종하는 마음으로 4주를 채웠습니다. 나중에 알게 됐지만, 새가족부에서의 4주 교육기간 동안 그 사람의 인성을 파악하고, 혹시나 아이들에게 상처를 줄 여지가 있는지 살펴본다고 했습니다. 지금은 아니지만, 그때는 그랬습니다. 여하튼 그렇게 4주가 흘러 드디어 예배를 드릴 수 있게 되었습니다.

지하에 있는 대예배실로 안내를 받아 내려갔더니 "어디 갔다가 이제 왔어?"라며, 눈이 커다란 집사님께서 아이들을 반겨 주시고, 다 큰 남자아이들을 안아 주면서 등을 두드리셨습니다. 자연스레 하이파이브도 해서 깜짝 놀랐습니다. 어떻게 저렇게 자연스럽게 다 큰 남자아이들을 스스럼없이 반길 수 있을까? 놀라움도 있었지만 부러움도 있었습니다. 그 집사님이 내게 말을 걸어왔습니다. 나도 반갑게 맞아 주시는 집사님과 함께 첫 예배를 드리고, 나는 안내팀에 배정되었습니다.

그렇게 나는 본당 1부 예배와 안내 봉사를 마치면 그 추운 강남대로의 칼바람을 맞으며 횡단보도 건너, 쏜살같이 반석빌딩으로 달려가서 칼 각으로 의자를 세팅하시는 안내팀장님과 함께 줄 맞춰 의자를 세팅했습니다. 이후 안내팀은 모여서 잠깐의 기도를 하고 예배를 드렸습니다. 북사선에서 내게 주어진 일에 감사했고 할 수 있음에 기뻤습니다. 나중에 알게 됐지만 처음 저를 맞아 주셨던 눈이 큰 집사님은 열네 살 꽃제비로 살던 북한 지체를 아들로 삼고 집에서 함께 지내고 있었습니다. 어떻게 그렇게 할 수가 있을까요? 아무나 할 수 없는 참 사랑이라고 느꼈습니다. 지금은 그 아이가 커서 스물여덟이 되었습니다. 어느 집사님 회사에 취직해서 인테리어를 배운다고 했습니다. 지난번 교회에서 청계산 산상기도회 때 현장에 간이 화장실을 만들면서 땅벌한테 여러 군데를 쏘였는데, 집사님께 전화를 걸어 "엄마, 나 땅벌에 열 방 쏘였어!" 하더랍니다. 빨리 병원에 가보라고 했더니, 화장실 다 만들고 가겠다고 했다며 걱정하는 집사님의 소리를 들었습니다. 이렇게 자란 아이의 모습이 참 대견했습니다. 그동안 지내오면서 집사님 속도 참 많이 썩혔는데, 제법 의젓해졌습니다. 제가 용돈을 주려고 하면 "이제 용돈 받을 나이가 아니랍니다" 하는데, 그 모습을 보면 웃음이 납니다.

예배 후에 식사 교제를 했는데, 그 좁은 곳에서 다투는 일도 종종 일어났습니다. 한때는 그런 다툼이 싫어 북사선에 2주나 빠진 적도 있습니다. 그런데 편할 줄 알았던 마음이 더욱 불편해져서 그냥 있을 수가 없었습니다. 알 수 없이 불편했던 마음은, 북사선 대예배실로 향하는 반석빌딩 계단을 내려가면서 평안해졌습니다. 뜬금없이 찾아온 평안함에 웃음이 났습니다. 그렇게 다시 북사선에 참석했고, 여느 때처럼 우리는 반석빌딩 앞 조그만 카페에 들어서자 옹기종기 모여서 다락방을 하고 있는 청년들과 인사를 한 후에 다락방 교제를 했습니다. 제게 북사선은 그렇게 시작되었습니다. 그 후 15년 동안 북사선의 일원으로서 북 지체들과 영가족이 되어서 서로 웃고 울었던 날들의 시작이….

나도 북 지체들을 이해하고 마음 아파하며 덩치 큰 남자아이들을 안아주고 하이파이브를 하고 있을 때쯤, 북 지체 둘이 딸을 낳고 결혼도 못 한 채 동거하고 있었습니다. 심방을 갔는데 방 한 칸의 삶이 한눈에 들어왔습니다. 아기가 보행기를 타고 밀면서 방긋 우리를 맞아 주었습니다. 아기에게 축복 기도를 하고 방안을 둘러보니 생각보다 깨끗해서 놀랐습니다. 아기 아빠는 그림을 무척 잘 그리는 스물 갓 넘은 청년이었고, 아기 엄마는 동그란 눈을 가진 참 예쁘게 생긴 자매였습니다. 아기 아빠는 느헤미야(반석학교) 학교가 세워진 동기가 된 아이였습니다. 배운 적도 없는 그림을 너무나 잘 그리는데 대학을 가려면 공부를 해야 했고, 북 지체들이 공부할 수 있는 마땅한 곳이 없었던 상황이었지요. 목사님과 뜻을 함께하시는 집사님들이 북지체들을 모아서 공부를 가르치기 시작했습니다. 그렇게 느헤미야(반석학교)학교 1호 졸업생이 된 아기 아빠는 홍익대 미대에 당당히 합격했습니다. 너무나 생활이 열악한 상황에서 부모가 된 북 지체에게, 딸아이가 더 크기 전에 결혼식을 진행하자며 목사님과 집사님들이 마음을 모았습니다. 결혼식은 반석홀 예배실에서 진행하기로 하고, 저는 몇몇 집사님들과 청담동 일대를 며칠간 다리 품을 팔아 사정을 얘기하고 메이크업과 헤어, 웨딩드레스를 지원받았습니다.

"무슨 북한사람한테 청담동 웨딩드레스야? 웬만한 거 입히지!"라는 말도 들려왔지만, 이왕이면 최고로 해주고 싶은 우리 마음을 몰라주는 것이 서운했습니다. 본당에서 사진으로 섬기시는 집사님도 흔쾌히 웨딩사진을 촬영해주기로 하셨고, 영가족인 한 권사님의 청담동 한복도 기부받게 되었습니다. 모든 것이 순조롭게 잘 진행되었습니다.

결혼식 당일, 계단과 입구에 웨딩 테이블을 꾸미고, 레드 카펫을 길게 깔아 꽃길로 장식도 했습니다. 너무나 감격스럽게, 모든 사람들의 축복을 받았던 북사선 1호 결혼 커플이었습니다. 모든 영가족들의 축하와 섬김으로 예쁘게 결혼했는데, 너무 어린 탓이었을까요? 아기 아빠는 엄마가 계시던 런던으로 가버렸습니다. 몹시 슬펐습니다. 모두들 지금은 어디서 무엇을 하며 지낼까요? 많이 보고 싶고 궁금하네요.

어느 뜨겁던 여름날, 강원도 화천으로 아웃리치를 갔습니다. 전도를 목적으로 한 방문 2년차라서 무엇을 해서 어른들께 식사 대접을 해드릴지 고민하다가 삼계탕으로 메뉴를 정하고 경동시장으로 직행했습니다. 품질 좋고 가격이 싼 삼계 닭을 사러 시장을 구석구석 돌아다닌 끝에 좋은 닭으로 예산에 맞춰서 150마리의 삼계 닭과 뱃속에 넣을 재료를 구입했습니다. 몹시 뜨거운 여름날이라 상하지 않게 아이스박스에 넣어서 가져가는 일이 장난 아니게 힘들었습니다. 꼼꼼하게 잘 싸서 다음날 화천으로 향했습니다. 시골에 도착하니 공기도 참 좋았고, 시골 인심도 좋았지요. 우리 북한 청년 지체들이 전도하면서 농사일(농활)을 도우러 나갈 때는 날씨가 너무 더워 새벽 시간을 이용했는데, 우리는 일찍 일어나서 얼음을 동동 띄운 시원한 미숫가루를 병에 담아서 아이들이 농활 갈 때 들고 가게 했습니다. 한 번은 농활 갔던 아이들이 생 곤드레 나물을 한 가마니 가져왔습니다. 양이 많아도 너무 많았습니다. 북한 지체들이 농사일을 너무 잘한다고 농사일을 시키신 동네 어른들의 칭찬이 자자했습니다. 대학부가 오는 것보다 북한 지체들이 오는 게 더 좋다고 하셔서 기분이 참 좋았습니다. 우리는 큰 가마솥에 곤드레 나물밥을 지어 양념간장에 맛나게 비벼서 먹었습니다. 맛이 최고였습니다.

삼계탕을 하는 날은 새벽부터 잠도 안 자고 150마리 닭들의 때를 밀었습니다. 엄지손가락으로 문지르면 노랗게 나오는 때를 깨끗하게 씻어서 잡곡을 뱃속에 넣고 두 다리를 꼽니다. 잘 안 꼬아지는 닭다리를 붙잡고 우리는 엄청 웃었습니다. 뭐가 그리도 웃겼는지…. 양이 많아서 큰 솥에다 몇 번을 삶아서 동네 어른들께 대접을 하고 우리들도 모두 맛나게 먹었습니다. 무척 덥고 힘들었지만 기쁘고 마냥 좋았습니다. 마을회관 앞에서 하늘을 올려다보니 청명한 하늘에 뭉게구름이 참 예쁘기도 했습니다. 모든 것이 주님의 은혜임을 온몸과 마음으로 아는 날이었습니다.

어느덧 서초 성전이 완공되었고, 반석학교를 함께 섬기던 집사님도 개척하시는 목사님을 따라갔습니다. 같이 가자는 권유를 마다하고 나는 그냥 북사선에 남기로 했습니다. 반석학교에는 아이들이 점점 많아졌습니다. 열심히 공부하는 아이들을 보면서 다시 몇몇 집사님들과 마음을 모아서 점심식사를 준비해 갔습니다. 한참 잘 먹어야 할 아이들은 우리들이 가져간 음식을 맛나게 먹어주었고, 음식과 더불어 함께 마음을 나누며 정을 쌓아갔습니다. 해마다 새로운 아이들이 졸업을 하고 입학하는 반석학교는 마치 고속도로의 휴게소 같습니다. 인생길 여정에서 잠시 들러 맛난 식사를 하고 힘을 얻어 쉬어가는 아이들…. 그렇게 반복되는 세월과 일상 속에서 나는 쌍둥이 할머니가 되는 축복을 받았습니다. 남녀 이란성 쌍둥이입니다. 큰딸이 결혼한 지 4년 동안 아기가 안 생겨서 다락방마다 기도 제목을 내놓았는데, 하나님은 한 명이 아닌 두 명의 손주를 주셨습니다. 주신 축복이 너무 감사해서 힘이 드는지도 모르고 열심히 반찬을 만들어서 쌍둥이 유모차를 끌며 아기들과 함께 반석학교에 갔습니다. 쌍둥이의 인기는 엄청났습니다. 아이들에게 위로가 되는 쌍둥이였습니다.

갓난 아기 때부터 반석학교를 다닌 쌍둥이들은 어느덧 아홉 살이 되었습니다. 이제는 토요비전새벽예배(토비새)에 참석해서 할머니가 어디 있는지 위치를 묻는 문자를 보내는 쌍둥이 덕에 토비새에 빠질 수가 없습니다. 나의 50대를 함께 사역하며 보냈던 눈이 커다란 집사님은 지금 다른 교회를 섬기고 있지만, 북한 지체 일이라면 물불을 가리지 않는 열정을 지닌 덕분에 덩달아 기쁨으로 함께 사역한 것 같습니다. 돌아보니 마치 붉은 노을이 바라다 보이는 한적한 벤치에 앉아서 얼굴에 불어오는 상쾌하고도 기분 좋은 시원한 저녁 바람을 맞는 듯한 사역을 했던 것 같습니다.

그리고 60대가 된 지금의 나는 그때 못지않은 참 좋은 동역자와 북한 지체들과 함께 울고, 함께 웃으며, 서럽지 않게, 외롭지 않게, 영가족으로 지내고 있습니다. 이미 피 흘림 없는 복음적 평화통일을 이루고 있는 북사선을 섬기며, 평양에서 토비새 드리는 날이 속히 오기를 기도합니다. 여전히 반석학교 아이들을 먹일 맛난 음식을 의논하며, 반석학교를 세워나가는 드림 실행 땅밟기와 금식 기도를 하면서 말입니다. 이루어 주실 소망을 마음에 품고, 자기희생으로 섬김의 본을 보이신 주님 가신 길을 기억하며, 그 길 따라 조금씩 가고 있습니다. 부족한 저는 지금도 제 마음속 주님을 향해 조용히 귀 기울이고, 오늘도 아버지의 마음을 헤아려 봅니다.

(경기도 평택시)

2018년 사랑의교회에서 5주에 걸쳐 매주일 실시한 북한선교 교육과정인 SENK(Sarang Education for North Korea Mission)는 성도들에게 '피 흘림 없는 복음적 평화통일'을 생각하고 준비하게 하는 아주 뜻 깊은 교육 프로그램으로 평가됩니다. SENK를 통해 청년들에게 통일에 대한

소망과 염원을 갖게 하였고, 뜻 있는 형제자매들이 북사선에 모이게 되었습니다. 파파 다락방의 신실한 두 형제님도 SENK에서 받은 은혜로 주님의 부르심을 찾아 북사선에 합류했습니다.

SaGA(사랑글로벌아카데미)에서는 2022년도에 '복음통일아카데미'를 개설했는데, 이는 SENK의 과정을 더욱 심화한 교육과정입니다. 개설 첫해였음에도 목회자, 탈북민, 기업가, 교수 등 각계 전문가 53명이 참여했고, 북사선과 반석학교에서도 17명이나 함께하게 되었습니다. 강의 내용은 성경적 관점에서 한반도 정세와 분단 문제, 통일 문제를 배우며 이해하고 분단된 현실을 사는 성도들의 사명을 일깨우며, 실제 현장에서 이루어지고 있는 사역의 경험과 가치를 공유하는 프로그램들로 구성되어 있습니다. 전문가와 석학들을 통해 알게 된 국제정세가 한반도에 미치는 영향은 통일시대를 준비하는 북사선 성도들이 무엇을 어떻게 준비할 것인지 구체적으로 배우고, 익히고, 생각하고 실천하는 과정이 되었습니다. 특히 '성경과 통일' 수업 시간은 지중해의 습하고 찬 공기가 사막의 건조하고 뜨거운 공기와 만나 헐몬산의 이슬이 되어 생명의 근원이 되는 것처럼, 북한과 탈북민의 차이점을 인정하고 수용하는 포용과 화해의 과정을 통해, 남북한이 예수 그리스도를 중심으로 미리 통일을 경험하는 하나의 복음 공동체를 이루게 될 것이라는 믿음을 심어주었습니다. '국제정세와 독일 통일 과정'은 각계각층 전문가들의 경륜과 통찰력을 통해 한반도를 둘러싼 국제 정세와 통일에 대한 현주소와 과제에 대해 여러 각도로 깊이 알아가고 생각하게 된 귀중한 시간들이었습니다. 교과서나 매스컴에서 결코 접할 수 없는, 마치 살아 움직이는 지식과 지혜와 통찰의 보고였습니다.

'북한지역 교회사' 시간은 북한교회의 역사와 실상, 그리고 앞으로의 과제에 대해 깊이 생각하는 시간이 되었습니다. 죽음의 땅, 어둠의 권세 속에서도 지하교회에서 십자가를 붙들고 예배와 기도를 드리는 북한 성도들의 모습을 통해 복음의 생명을 바라보게 되었습니다. 평양 대부흥 운동에 대한 배경, 과정, 그리고 미치게 된 영향의 완결판을 접할 수 있었습니다. 이에 대해서도 한국교회가 정확히 알고, 성도들에게 정확하게 알리며, 나아가 디아스포라 교회, 세계 열방에도 알려 예루살렘의 영광이 한반도에 다시 임하며, 열방선교의 마중물이 되게 해야 한다는 생각이 들었습니다.

복음통일아카데미의 현장수업 중 만났던 한 여학생이 떠오릅니다. 그 여학생은 북이 고향이면서 반석학교에 다니고 있었는데, 믿을 수 없을 정도로 수업에 몰입하고 열정적으로 참여했습니다. 장차 북한을 위해 법률 분야의 전문가가 되겠다고 했습니다. 주님께서 한 영혼 한 영혼을 통일선교 교육과정을 통해 빚어 가시고 통일 리더로 예비해가시는 놀라운 기적을 기대하게 되었습니다. 2027년 장대현교회에서의 평양특새를 통한 감동과 감격을 미리 새기며, 북사선과 복음통일아카데미를 통해 우리 각자에게 선한 능력을 발견하게 하시고 우리가 통일을 위한 사명을 굳건하게 세워가게 하심에 주님께 감사드립니다.

교회마다 북한 선교교육에 대해 여러 형태로 검토해 볼 수 있을 것입니다. 말씀과 기도와 찬양의 축복 속에서 복음통일에 대한 구체적인 교육 과정을 통해, 예수 그리스도를 중심으로 복음통일 공동체의 모습을 지금 이 순간에도 이루어 가는 것이 필요합니다. 주님께 받은 구원의 감격과 은혜를 생각하며 우리 모두가 통일 사도로 부르심을 받아 복음통일의 사명 공동체로 구체적인 꿈과 비전을 가지고 나아가야만 합니다. 이러한 관점에서 볼 때, 북사선 예배 때 격월마다 이뤄지는 복음통일 강의는 북한에 대해 더 정확하면서 자세히 알아갈 수 있는 중요한 역할을 합니다. 하나님께서 북한과 북한 동포를 사랑하셔서 여기까지 인도하셨듯이, 하나님의 사랑으로 북한과 북한 동포를 구원하시고 조속히 남북한이 하나님을 중심으로 하나의 통일 공동체가 되도록 역사하여 주시길 간절히 소망합니다.

2021년 11월부터 탈북민 출신 목회자인 강도사님이 북사선에 오셨습니다. 강도사님은 북사선 안에 있는 청년교구, 영커플교구, 반석학교 교목의 직분을 맡게 되었는데, 북한 출신 지체들이 남한 사회에서 신앙생활을 통해 잘 정착할 수 있도록 돕고, 통일 이후 북한 교회의 회복을 위한 리더로 양성하는 것이 북사선의 역할이라는 관점에서 볼 때 매우 의미

있는 일입니다. 탈북민들이 높은 이상을 가지고 자유를 찾아 남한으로 온다 하더라도 현실은 결코 녹록지 않습니다. 남한에서는 과거의 트라우마를 극복하는 동시에 생존경쟁에서 이겨내야 하는 상황에 맞닥뜨리게 되기 때문입니다. 주일마다 예배의 현장에 나와서 위로와 회복의 기운을 받지만, 현실로 돌아가면 염려와 불안, 그리고 미래의 불확실성으로 인해 신앙의 중심을 잡기가 쉽지 않습니다. 이럴 때 탈북민 목회자가 '함께 한다'는 동지의식을 부여해 준다면, 탈북민 지체들도 이 땅에서 하나님 나라의 꿈과 소망에 대한 믿음으로 나아갈 수 있게 되지 않을까 생각합니다.

2022년 7월, 3년 만에 대면으로 열린 여름수양회에 180여 명의 성도가 참여하여 온전하게 회복되는 시간을 가졌습니다. 수양회 후 연합 다락방 교제 시간에 서로가 받은 은혜에 대해 나누었습니다. 많은 성도들이 강도사님의 특별 간증 시간이 특별했다고 말했습니다. 북한 땅에서 태어나 성장하는 과정, 탈북 과정, 남한에서의 초기 정착 과정, 그 가운데서 홀로 견디기 힘들었던 외로움과 막연함, 그 와중에 하나님의 임재를 경험하고 인도하심으로 목회자의 길을 걷게 된 과정까지…. 강도사님의 삶을 통해 살아계시고 역사하시는 하나님을 실감하게 되었다는 것입니다.

강도사님은 예배의 현장에서 북한 정권, 북한 주민 및 북한 사회의 실상을 최대한 많이 전달하고자 합니다. 모든 성도가 북한에 대해 보다 더 정확히 이해하고 제대로 된 기도를 올릴 수 있도록 돕습니다. 북한에서

300만 명이 굶어 죽었지만, 여전히 주민의 절반 이상이 굶어 죽어 가고 있는 것, 그리고 자연재해 앞에서 무기력한 이유는 하나님 아닌 썩어질 우상을 집단적으로 숭배하기 때문이라고 강조하면서, 구체적으로 기도하길 권합니다. 동시에 예배 시작 전에는 예배 의자와 테이블을 정리하는 겸손함도 볼 수 있지만, 예배 전 기도회를 인도하는 모습에서는 마치 살아있는 북한 교회의 모습을 보는 것 같기도 합니다. 탈북민 목회자로서 더욱 갈급함과 절실함이 있어 그럴까요? 열정은 물론 진솔하면서 솔선수범하는 모습으로 청년 교구와 반석학교 교목의 직분을 잘 감당하면서 믿음의 신앙 계승을 위해 다음 세대를 견고하게 세워가고 있습니다. 영커플 교구의 인도 목회자로서 파파다락방을 회복하고, 사모님과 함께 맘스다락방을 은혜 넘치는 영적 산실이 되도록 인도하고 있으며, 청년과 장년교구를 잇는 리더의 육성에 중요한 역할을 담당하고 있습니다.

어느덧 이제는 목사님이 되어 자신이 품고 있는 꿈과 비전으로 설레는 모습을 종종 보여 줍니다. 북사선에 청년들이 더욱 많이 모이고, 청년들의 가슴에 예수님을 사랑하는 마음이 뜨겁게 일어나도록 기도회를 통해 청년부흥의 소망을 품습니다. 이 사역의 일환으로 매주 토요일 저녁 에는 청년들과 함께 북한을 위한 뜨거운 기도회를 시작했으며, 매월 마지막 주 금요일에는 작은 탈북민 교회 예배에도 참여하고 있습니다.

코로나에 잇대어 혼란한 국제정세로 인해 탈북이 더욱 어려워진 상황에서 북한과 중국, 한국에서 태어난 탈북민들의 다음 세대에 믿음의 세대 계승을 이루는 데 교회 공동체의 사명이 더욱 중요하다고 생각합니다. 크고 작은 교회마다 각각의 상황이 허락되는 한, 탈북민 목회자가 사역의 현장에 함께 하게 될 때, 주님께서 여호수아와 갈렙과 같이 믿음의 다음 세대로 견고하게 세워가도록 역사하실 것을 믿습니다. 북사선과 반석학교 사역을 통해 복음적 통일 시대를 준비하며 열어갈 많은 탈북민 목회자들이 세워지기를 소망합니다.

(광주광역시)

북한사랑의선교부

북사선에서 귀한 섬김을 하시고, 젊은 분들에게 사역의 기회를 주시는 마음으로 지금은 뒤에서 그전보다 더 간절하게 북사선을 기도로 섬기고 계시는, 부산광역시가 고향인 분의 글을 통해 북사선의 연혁을 나누고자 합니다.

북사선은 17년이 되었지만 그보다 앞선 19년 전, 교회 인근 상가 사무실에서 시작하여 반포동 지하, 강남역 어학원, 식당 등을 전전하며 북사선이 태동하도록 힘쓰던 모습이 새삼 떠오릅니다. 공식적으로는 2006년 11월, 창립 예배를 드리면서 출범하였는데, 그 무렵 10년 장기 계획을 수립했습니다. 그중 기억나는 한 가지는 북한 성도를 북사선 순장으로 세우고, 북한 출신 목회자를 북사선 담당 목회자로 세우는 것이었는데, 이것이 목표한 대로 이루어져 감회가 새롭습니다.

북사선이 창립된 2006년부터 2019년까지의 기간을 저의 기준으로 볼 때 4단계로 나눌 수 있을 것 같습니다.

1기 : 성립기(2006년 11월~2008년 초중반)

2006년 11월 4일(토) 오후 1시, 오정현 담임목사님을 모시고 창립 예배를 드렸습니다. 창립 예배와 함께 담당 목회자도 배정되었습니다. 어느 정도의 예산도 배정받았지만, 예배 공간은 배정받지 못해서 담당 목회자의 섭외로 인근 3층 식당을 빌려 예배를 드렸습니다. 당시 국내 정치 상황은 이런저런 이슈로 좌우의 대립이 심했습니다. 교회 내 일부 중

진들은 북사선이 무분별한 친북을 지향할 수 있다며 출범을 반대했지만, 오정현 담임목사님과 교회의 결정으로 과감하게 출범되었습니다.

2기 : 성장기(2008년 중후반~2012년)

역삼동 810-1번지에 위치한 반석빌딩에 예배 공간을 배정받고, 인근에 기숙사도 마련했습니다. 예배 공간은 배정받았지만 앰프 등 예배 시설은 다른 부서와 공유해야 했기 때문에, 주일이면 일찌감치 1부 예배를 드린 후, 악기나 앰프, 스피커 등 예배에 필요한 시설을 성인의 키만큼이나 큰 수레에 싣고 서초동 강남 성전에서 역삼동 북사선 예배 공간까지 운반했습니다. 한 번은 강남대로 한복판 건널목에서 짐이 다 쏟아지는 바람에 10분 가까이 땀을 뻘뻘 흘리며 주워 담았는데, 주워 담는 동안 정체되었던 자동차의 경적소리와 운전자들의 불평 소리가 아직도 귓가에 맴돕니다. 얼마나 당황스러웠던지요.

당시 반석학교의 기숙사는 만들어졌지만 예산이 넉넉지 않은 터라, 네 분의 여 집사님들이 거의 매일 자비량으로 음식을 만들어 봉사했습니다. 아직도 감사한 마음이 깊이 남아있습니다. 어느 정도 시간이 흐른 후, 교회에서 예배 공간에 예배 전용 시설을 설치해 주었고, 기숙사 예산도 확충해 주어 봉사에 대한 부담을 덜었으니 다행이었습니다.

3기 : 혼란기, 정체기(2013년~2015년)

교회의 성숙을 향한 아픔의 시기에 북사선도 예외일 수는 없었습니다. 함께 기도하고 함께 땀 흘리며 봉사했던 성도들 사이에서도 교회의 방향에 대한 의견 차이가 생겨 서로 어색해졌고, 북사선을 위해 애쓰셨던 적지 않은 분들과 헤어지는 안타까운 시기였습니다. 이로 인해 북사선의 확장과 성장이 정체되기도 했습니다. 하지만 그 후 3~4년이 지나며 새로운 봉사자들이 충원되었고, 이후로 헤어진 분들과는 경조사에서 가끔 만나 예전 봉사하던 시절을 즐겁게 떠올리기도 하는 관계회복이 이루어지기도 했습니다.

4기 : 북한 성도 리더기, 재정비기 (2016년~2019년)

북사선 초기에 장기 계획을 수립하면서 10년 뒤에는 북한 성도를 순장으로 파송하고, 북한 출신 목회자가 북사선 목회를 담당하자는 계획이 잘 이루어져 북한 성도들 중 순장들이 세워졌고, 북한 출신 목회자도 남북한간 문화 차이를 잘 극복하며 북사선을 이끌어 주셨습니다. 5년 동안의 귀한 사역을 감당하신 후, 북사선을 떠나 탈북민 교회를 개척하셨고, 그곳에서 귀한 통일 사역을 감당하고 계십니다. 하나님께서는 통일 공동체에 대한 뚜렷한 꿈과 비전이 있는 또 다른 귀한 사역자를 보내 주셔서 북사선이 좀 더 견고히 다져질 수 있는 발판을 만들어 주셨습니다.

(*아래의 내용은 추가 되었습니다.)

5기 : 성숙기, 성장과 사명감당기 (2019년~현재)

북사선 안에서 북이 고향인 분들이 더 많이 순장으로 세워지고, 사랑의교회 역사상 처음으로 시무권사를 배출하였습니다. 또한 새로운 북 출신 사역자가 북사선 사역에 동참하게 되었고, 한국을 넘어 해외 디아스포라 한인들에게 통일과 북한선교 사명의 불을 지피는 하나님의 마음을 전달하는 소리, "나는 소리입니다(I AM A VOICE)" 사역을 감당하고 있습니다. 무엇보다 통일믿음보고서 차원의 본 저서를 출판하여 17년에 걸쳐 이뤄낸 통일공동체의 모습이 한반도를 비롯한 세계 전역에 단축된 시간으로 우후죽순처럼 일어나도록 돕는 사명을 감당하고 있습니다.

북한사랑의선교부 웹사이트 - lovenk.sarang.org

Episode 5

엄마가 계시는 고향집, 반석학교

Episode 5
엄마가 계시는 고향집, 반석학교

* 〈에피소드 5〉에서는 반석학교만을 중심으로 우리의 이야기를 적어보려 합니다. 학생들 중에는 대부분 고향에 가족들이 살고 있기 때문에 본인들의 이름은 물론 고향을 적는 것 조차 조심스러워 고향마저 생략하였음을 너그럽게 양해해 주시기 바랍니다.

저의 한국 생활은 서울특별시 서초구에 있는 반석학교에서 시작되었습니다. 아는 사람 하나 없는 서울에서의 시작은 많이 설렜고, 그러하기에 많이 긴장되면서 걱정도 되었습니다. 학교에 입학한 저는 오직 목표를 향해 나아야 한다는 생각만으로 굳어 있었습니다. 따라서 다른 사람들을 돌아볼 여유가 전혀 없었습니다. 제 3국을 거쳐 오는 과정을 통해 하나님은 저를 만나 주셨지만, 그 크신 하나님의 사랑을 다 알지 못했고, 그래서 그 사랑을 나눠줄 방법도 미처 몰랐습니다. 하지만 신실하신 하나님은 저에게 천사 같은 선생님들을 통해 그 사랑을 알게 하셨고, 나누는 법을 가르쳐 주셨습니다.

초창기에는 마음이 너무 힘들 때가 있었습니다. 누구에게도 말할 수 없고, 섣불리 표현할 수도 없어서 더 힘들고 무너질 것 같았을 때, 저의 그 심정을 다 아는 듯 소리 없이 안아주며 같이 눈물 흘려주던 반석학교 선생님의 모습을 잊을 수가 없습니다. 백 마디, 천 마디 위로의 말보다 더 위로가 되었던 순간이었습니다. 이렇게 함께 눈물 흘려주고, 누구보다 간절히 저를 위해 기도하고 계시는 분들이 있다는 것을 그때 알게 되었습니다. 선생님들을 통해서 예수님을 보게 되었고, 굳게 닫혀 있던 저의 마음이 조금씩 열리기 시작했습니다. 자연스레 학교에서의 생활은 하루하루가 즐겁고 보람되었습니다. 다른 사람에게는 아무 관심도 없던 제가 친구들에게 먼저 다가가 친해지게 되었고, 학교 회장 선거에서 학생회장으로까지 뽑히게 되었습니다. 회장으로 선출된 후에는 더 나은 학교생활을 위해 함께 고민하는 시간도 가지게 되었고, 다른 친구들의 의견을 수용하는 것에 대하여 배우게 되었습니다. 학생회 임원들이 함께 모여 우리의 노력과 시간과 재능을 바쳐 하나님을 찬양하자는 의견이 나왔고, 바로 찬양팀을 만들게 되었습니다. 우리 반석학교는 매일 아침 하나님을 찬양하고 예배하는 것으로 시작합니다. 아무것도 모르는 상태에서 드럼과 베이스, 일렉기타, 통기타, 플루트 등 모든 악기들을 독학으로 하나하나 배우며 시작했습니다. 찬양팀이 생기자 하나님을 찬양하기 위해 더 많은 시간을 주님께 부르짖게 되었고, 소박하고 부족하지만 매일 아침 반석에서의 예배는 존귀하신 하나님께 영광스럽게 드려지고 있습니다. 반석학교에서의 시간은 제 안에 숨어있던 모든 가능성을 끌어내 주었고, 저를 더없이 성장하게 한 매우 소중하고 감사한 시간입니다.

　반석학교에는 "예수님의 심장으로, 하나님을 증인으로"라는 빌립보서 1장 8절의 학교 교육비전의 말씀이 있습니다. 이 말씀을 삶의 좌우명처럼 지니고 실천하면서 우리 학생들을 가르치고, 내면의 가능성을 이끌어내는 선생님들이 계십니다. 그런 선생님들의 보살핌 속에서 꿈을 꾸고, 그 꿈을 이루어가기 위해 공부하는 반석의 친구들은 모두가 참 열심히도 살아가고 있습니다. 선생님들의 사랑이 있기에, 저희 반석의 학생들은 늘 자신감 있는 모습으로, 당당하게 세상을 살아내고 있습니다.

　제게는 꿈이 있습니다. 법조인이 되어 한반도의 통일시대를 준비하는 사람이 되는 것입니다. 지금은 원하던 이화여대에 합격하여 입학을 앞두고 있습니다. 하나님은 이렇게 저의 꿈을 조금씩 이루어가고 계십니다. 물론 하나님께서 앞으로 어떤 방식으로 이루어가실지 그 누구도 모르지만, 저는 전능하시고 신실하신 하나님을 믿기에, 예수 그리스도를 따라가기 원합니다. 그 길이 어느 길이든 우리 선생님들의 하나님이시고, 나의 하나님이신 오직 한 분, 예수 그리스도께 순종하는 삶을 살아가기를 원합니다.

　이렇게 저의 새로운 시작에도, 그 반대편 끄트머리에도 늘 반석학교 선생님들과 친구들이 있습니다. 대한민국 국민으로서 첫걸음을 내딛던 그날, 처음 만난 사람은 반석학교 선생님들이었고, 첫 밤을 반석학교 친구들과 함께 기숙사에서 보냈습니다. 이런 제게 반석학교는 제가 간다면 언제든지 문 열고 기다리는, 멀리서 보이는 제 모습에 버선발로 뛰어나와 반겨주는 엄마가 계시는 고향집입니다.

저는 북한 신의주에서 태어났습니다. 네 살 때 부모를 잃고, 누군지도 모르는 어른들에 의해 중국으로 보내져 21년을 살았습니다. 어느 날 우연히 레스토랑에서 일하던 중, 손님으로 방문한 천주교 신부님이 제게 중국어를 하지만 조선 사람처럼 생겼다는 말을 건네며 불쑥 말을 걸었습니다. 오랜 시간이 흐른 후에야 신부님과의 만남이 하나님께서 역사하신 것이었음을 알게 되었습니다. 그날 저는 조선 사람 같다는 그 말 한마디에, 누군지도 모르는 분에게 저는 북한에서 왔고 어릴 때 와서 조선말을 다 잊어버렸다고 말했습니다. 그분은 제게 한국에 가는 것이 어떻겠냐고, 한국에 가면 호적도 만들어주고 집도 준다며, 가고 싶다면 이틀 후에 다시 만나자는 말을 했습니다. 저는 중국에서 신분증도 없이 살았기 때문에, 그 말을 듣고는 한국에 가고 싶다는 생각이 들었습니다. 이틀 후, 누군지도 모르는 그분의 도움으로 저는 중국 국경을 넘었습니다. 그 후로 그분의 소식을 듣지 못했습니다.

그렇게 한국에 온 후, 처음에는 돈을 벌기 위해 일을 시작했지만 당시 남자친구, 현재 남편이 공부했던 반석학교에 입학해 공부를 시작하게 되었습니다. 제 또래 친구들이 중국에서 학교에 다니는 모습을 보면서도 저는 부러워할 뿐, 학교에 다닐 수는 없었습니다. 반석학교는 제가 태어나 처음 다닌 학교입니다. 이곳에서 제 인생의 첫 선생님들을 만났고, 좋은 친구들을 만났습니다. 처음으로 학생의 신분이 되어 공부를 하고, 소풍을 가고, 수학여행도 갔습니다. 그렇게 반석학교에서 초등, 중등 검정고시 공부를 하고, 사랑의교회 북사선 공동체에서 처음으로 예배도 드렸습니다. 예배 드리면서 '아바 아버지' 찬양을 부를 때 큰 은혜를 받았고, 하나님 아버지를 아버지라 부르게 되었습니다. 북에서 어린 나이에 고아가 된 저는 중국 시골에서 어린 시절을 보내며 주변 아이들이 엄마, 아빠를 부르면 그것이 너무 부러웠습니다. 그런 제가 한국에 와서 교회에서 하나님을 아버지라고 부를 수 있는 은혜를 받았습니다. 그리고 이제는 부모 없는 고아가 아니라 저를 지키시고 사랑해주시는 하나님 아버지가 계시다는 것을 알게 되었습니다.

2017년 10월, 반석학교 대입 반에 재학 중이던 당시 남자친구와 중등 검정고시를 준비하던 저는 반석학교와 사랑의교회 권사님들, 북사선 성도님들의 기도와 사랑 안에서 축복받으며, 사랑의교회 언약채플에서 결혼식을 올리게 됐는데, 사랑의교회 담임목사님이신 오정현 목사님이 주례를 해 주셨습니다. 2018년 3월에는 중등 검정고시에 합격했고, 고등

과정을 준비하려는 과정에서 마침 중국에 있던 딸 다연이에게 좋지 않은 일이 생겼습니다. 방학마다 아르바이트를 해서 다연이를 보러 중국에 갔지만 제가 중국에 나가는 것이 위험한 상황이 되어 그 해에는 보러 나갈 수도 없었고, 현실적으로 데려올 방법도 없었습니다. 하나님께 제가 대체 어떻게 해야 하는지 물었습니다. 사람의 시각으로 보기엔 도저히 방법이 없다며, 하나님 아버지께 도와 달라고 눈물을 흘리며 기도했습니다. 하나님은 저의 눈물을 보셨고 제 기도에 귀 기울여 주셨습니다. 불가능해 보였던 모든 상황은 기적과 같이 열리기 시작했고, 중국 쪽에서 당장 딸을 데려가라는 연락이 왔습니다. 그 후 정신없이 한 달의 시간이 흘렀고 무사히 다연이를 한국에 데려왔습니다. 그리고 하나님 앞에서 아름다운 가정을 이루기로 약속한 대로, 남편은 여전히 제게 좋은 남편이, 다연이에게 좋은 아빠가 되어 주었습니다. 찬양을 부를 때마다 하나님의 사랑에 눈물을 흘렸지만, 여전히 제 마음 깊은 곳에는 이 땅에서 말할 수 없이 억울하게 살아왔던 저의 지난 날에 대한 원망이 남아있기도 했습니다. 아버지이신 하나님이 정말 살아계시다면 왜 그렇게 나를 힘들게 하셨는지 이해가 되지 않았고, 미울 때도 있었습니다. 그러나 결국 하나님은 나의 깊은 상처를 만져 주셨고, 한국에서 사랑하고, 목숨을 다해 지키고 싶은 가정을 온전히 이루게 해주셨습니다. 저는 하나님을 미워했지만, 주님은 사랑으로 저의 억울함을 치료해 주셨습니다.

무사히 딸을 데리고 온 기쁨도 잠시 저는 가정을 지키기 위해서 공부를 중단하고 직장에 갈 수밖에 없었습니다. 학업을 지속하고 싶은 마음이 간절했고, 반석학교를 떠나는 것이 너무나도 슬펐지만 가정을 책임지는 것도 제 삶의 큰 행복이고 의무라는 생각에 하나님께 기도하며, 학교를 떠난 후에도 매 순간 최선을 다하며 살았습니다. 그리고 지난해, 남편은 대학을 졸업하고 하나님의 은혜로 좋은 직장에 취직하게 되었습니다. 이후 남편은 제게, 꿈도 못 꾸었던 말을 해주었습니다. 이제 가정은 자신이 책임질 테니 반석학교에 돌아가서 고등학교 검정고시를 마치고, 대학에 가서 제가 하고 싶은 공부를 하라는 것이었습니다. 작년 1월, 저는 반석학교로 돌아왔습니다. 열심히 검정고시를 준비해 고등 과정을 통과했고, 대학 입시를 준비해 가톨릭대학교 사회복지학과에 합격했습니다. 북사선에서 일대일 양육 과정도 마쳤습니다. 일대일 양육을 통해 천지를 창조하신 하나님 아버지와 가까워지려면 무엇보다 매일 기도하고 말씀을 묵상하는 것이 중요하다는 것을 알게 되었습니다. 그리고 모든 것이 제 중심이 아니라 하나님 중심의 삶으로 이어져야 한다는 것도 알게 되었습니다.

오늘 제가 이렇게 당당하게 많은 분들 앞에서 하나님의 사랑을 고백할 수 있는 것이 정말 감사하고 기쁩니다. 하나님께 받은 사랑을 입술로만 고백하는 것이 아니라, 제가 사랑하는 하나님을 조금이라도 기쁘게 해 드리는 삶을 살아가는 그분의 참 자녀가 되고 싶습니다. 힘들고 지쳐 앞길이 막막할 때마다 하나님은 주변에 고마운 분들을 만나게 해 주셨고, 삶의 방향을 이끌어 주셨습니다. 저희 가정이 하나님께 영광 돌리는 가정이 되기를 소망합니다. 그리고 저처럼 북한에서 먼저 한국에 온 우리 탈북 청소년들과 청년들이 하나님 안에서 공부하며 건강하게 성장해가도록 헌신하는 반석학교를 위해 기도 부탁드립니다. 마지막으로 그동안 사랑해 주시고 기도해 주신 선생님들, 목사님들, 그리고 북사선 성도분들께 진심으로 감사의 마음을 전하고 싶습니다.

탈북민 어머니와 중국인 아버지 사이에서 태어나 16년을 중국에서 보냈던 제가, 성인이 된 지금 한국에서 살아가고 있습니다. 하나원 퇴소 후 다닐 학교를 찾다가 반석학교를 알게 되었고, 반석학교를 다니면서 자연스레 사랑의교회에 출석하게 되었습니다. 사실 하나님을 모르지는 않았지만, 중국에서는 교회에 나가기 어렵고 기독교에 대해 정확히 알려준 사람도 없어서, 홀로 기도하며 믿음을 키워야만 했습니다. 하나님의 인도하심으로 사랑의교회에 출석하게 되면서, 전에는 알지 못했던 것들을 많이 알게 되었습니다. 기독교에 대한 전반적인 지식은 물론, 예수님이 나의 죄를 위해 죽었다는 사실도 포함해서요. 교회 다니는 것이 어색할 것만 같고 이런저런 걱정도 되었지만, 주일학교 선생님들의 따스한 보살핌과 사랑으로 점점 교회생활에 익숙해졌습니다.

처음으로 만났던 선생님은 성격이 쾌활했고, 첫 만남부터 친해질 수 있었습니다. 취미와 관심분야에 대해 많은 이야기를 주고받았고, 신앙에 대해 아는 것이 부족한 제 눈높이에 맞추어 설명해 줬습니다. 덕분에 저는 큰 어려움 없이 저를 향한 하나님의 사랑을 느끼게 되었고, 그 사랑에 눈물을 흘리기도 했습니다. 좀 더 일찍 알았으면 얼마나 좋았을까요. 선생님과 교회 안에서만 친했던 것은 아닙니다. 축구를 좋아하는 저를 위해 축구 경기장에도 데려가 주셨고, 매년 생일이 되면 함께 영화를 보기도 했습니다. 종종 밥도 먹으러 다녔고, 음악 공연도 보러 갔습니다. 그리고 무엇보다 쥬빌리통일구국기도회와 특별새벽부흥회 같은 중요한 모임이 있을 때면 항상 저를 데려가 주셨습니다. 중국에서는 경험해보지 못했던 관심과 사랑이기에 저는 매우 행복했고 감사했습니다. 그리고 선생님은 하나님께서 저를 한국 땅으로 이끌어 주시고, 다른 학교와 기관들 중에서 특별히 반석학교와 사랑의교회로 인도하신 것은 하나님이 저를 사랑하시기 때문이라고 알려주었습니다. 선생님 한 분만 저를 보살핀 것은 아니었습니다. 주일학교 모든 선생님들이 잘해 주셨고, 신앙생활뿐 아니라 공부하는 것과 일상생활을 하면서 겪는 모든 어려움을 들어주고 함께 고민해 주셨기에, 교회를 다니면서 제 삶은 완전히 달라졌습니다.

신기할 정도로 찬양하고 예배드리는 것이 즐거워졌고, 주일이 기다려졌습니다. 하나님이 제게 주신 사랑에 조금이나마 보답하고, 교회 공동체를 위한 섬김의 자리를 찾아보던 중, 선생님과 함께 찬양팀을 섬기기로 했습니다. 마침 선생님은 음악을 배우셔서 제게 악기를 가르쳐 주셨습니다. 꾸준히 배우고 연습해서 찬양팀으로 섬길 수 있었고, 제가 필요한 곳이라면 어디든지 거절하지 않았습니다. 누군가가 도움을 청할 때 조금이라도 힘들어 보이면 외면했던 예전의 저를 생각해보며, 격세지감을 느끼기도 합니다. 그렇게 제 입맛대로 살았지만 한 번도 행복하다고 느낀 적이 없었는데, 이제는 힘들고 지칠 법한 봉사를 해도 오히려 힘이 나고 행복하니 정말 신기한 일입니다.

어느덧 성인이 되어 주일학교를 졸업했고, 청년부에서 예배를 드리게 되었습니다. 그동안 잘 보살펴 주신 선생님들의 관심을 떠나 홀로 새로운 환경에서 신앙생활을 해야 한다는 사실에 솔직히 두렵기도 했습니다. 그러나 언제 어디서나 저를 지켜 주시는 하나님을 향한 믿음과 더불어 더 성숙하고 올바른 기독교인이 되겠다는 다짐을 하며 청년부로 갔습니다. 행정팀에 들어가 여전히 섬김을 이어갔고, 섬기는 자리에서 하나님을 향한 사랑과 믿음은 더욱 커졌습니다. 물론 청년부에서도 저를 챙겨 주시는 분들이 많았습니다. 형, 누나들은 처음 행정팀을 섬기는 제게 많은 것을 알려주었고, 한 달에 한 번씩은 꼭 과일과 밥을 사 주시는 북사선 권사님 등 슬픔과 기쁨을 함께 나누는 분들이 있습니다. 중국에서 생활할 때는 꿈과 희망을 쉽게 오픈하지 못했고, 엄격한 규제와 통제 속에서 남들이 시키는 대로 살아왔던 제게, 반석학교와 북사선은 단순한 학교와 교회가 아닙니다. 제게 꿈을 꾸게 해준 곳이며, 저로 하여금 통일에 대한 염원을 느끼게 해준 곳이고, 가족이 아닌 누군가를 가족처럼 사랑할 수도 있다는 것을 깨닫게 해준 사랑의 공동체입니다. 이런 공동체를 저는 많이 사랑하고 아낍니다. 북사선 영가족들과 함께 하나님의 사랑 안에서 함께 웃고 울고 행복을 느끼며, 피 흘림 없는 복음적 평화통일이라는 공동의 비전을 향해 나아갈 때 언젠가 꼭 이루어지기를 소망합니다.

반석학교를 졸업한 지도 제법 시간이 흘렀습니다. 그러나 여전히 저는 6년 전 반석학교에서 만난 선생님들을 '나의 스승'으로 여기고, 자신 있게 그분들을 소개할 수 있습니다. 그분들은 언제나 참된 스승의 모습으로 곁에 계시며, 한결같이 사랑을 베풀어 주시기 때문입니다. 반석학교 선생님들과의 인연은 저와 제 가족에게 많은 변화를 주었습니다. 저는 반석학교에서 아내를 만나 결혼을 했습니다. 현재 딸도 반석학교 재학 중에 있습니다. 이 정도면 우리 가족은 '찐 반석 가족' 아닌가요? 결혼식을 준비할 때는 정말 깜짝 놀랐습니다. "세상에, 어떻게 천사 같은 분들이 한 둘도 아니고, 이렇게나 많은가"라고. 학교 선생님들은 저희 부부의 친부모, 친형제가 되어 진심으로 축하해 주셨고, 결혼식 전 과정을 직접 뛰어다니며 준비해 주셨습니다. 결혼식장을 꽉 채워준 사람들도 다름 아닌 사랑의교회 북사선 성도님들이었습니다. 하객 석을 꽉 채운 결혼식장을 보며, 더 이상 혼자가 아니라는 생각을 하게 되었습니다. 저는 아직도 고민이 있거나 중요한 결정을 할 때면 반석학교 선생님에게 조언을 받고, 좋은 일이 있으면 함께 나누고 있습니다.

북한에서도 많은 선생님들을 만났지만, 그들에게 학생은 돈주머니와도 같습니다. 집안이 여유로워 뇌물을 많이 주는 학생은 예뻐하고 잘 챙겨주지만, 교사에게 돈이 안되는 학생은 투명인간 취급받는 것이 자연스러운 일이었습니다. 저도 집안 형편이 좋지 않았기에, 아무리 열심히 공부하고 학교생활을 잘 해도 선생님의 사랑을 받아 본 기억이 전혀 없습니다. 하지만 한국에 와서 하나님의 사랑이 그대로 느껴지는 반석학교에 다니며, 학창 시절에는 느낄 수 없었던 스승에 대한 좋은 추억을 쌓게 되었습니다. 그 과정에 하나님의 존재도 알게 된 것은 참으로 감사한 일입니다. 자연스레 사랑의교회에 다니면서 통일을 위해 기도하기 시작했고, 더불어 하나님을 조금씩 알아가고 있습니다. 저는 저와 가족의 인생을 바꿔준 저의 첫 스승인 반석학교 선생님들의 기대에 어긋나지 않게, 모교의 자랑스러운 졸업생으로 남기 위해 항상 열심히 살겠습니다.

반석학교에 온 지도 2년이 되었습니다. 반석학교는 제가 한국에 와서 공부를 할 수 있다는 가능성을 보여준 교육기관인 동시에, 삶의 지혜와 지식을 갖출 수 있게 해준 곳입니다. 좀 더 나은 삶과 보이지 않는 저의 미래를 위해 북한을 떠나 자유 대한민국에 왔지만, 그간 막연히 생각해오던 것과는 너무 달랐고, 주변의 냉랭한 시선과 눈초리들로 인해 저는 좌절할 수밖에 없었습니다. 한국에 대해 조금이라도 알아야 미래에 대해 생각하고, 앞으로 어떤 방향으로 나아가야 하는지 선택을 할 수 있을 텐데, 당시의 저는 아무것도 할 수 없는 무능한 존재였습니다. 법이나 제도보다 무서운 것은 정서나 시선이라는 말도 있는데, 정서나 시선들을 두려워하지 않고 떳떳하게 성장할 수 있도록 인도해 준 곳이 반석학교이기도 합니다.

또한 "한 사람을 위하여 모든 사랑을"이라는 반석의 슬로건처럼 학생 한 명 한 명 그들이 가지고 있는 특기와 취미를 찾아 진로에 대해 조언해 주시는 선생님들이 있는 곳이 반석학교입니다. 우리 탈북 청소년들이 배워야 할 것은 많지만 시간은 한정되어 있는데, 이를 고려해 학생들마다 맞춤형 교육을 실시하고, 언제나 겸손한 모습으로 서로 배려하는 성숙한 학생들로 자랄 수 있도록 교육하는 선생님들의 덕분에 겸손과 섬김을 배울 수 있었습니다.

저는 반석학교에서 새로운 경험을 하게 되었습니다. 북한에서는 성경에 대해 단 한 번도 들어본 적 없었고, 하나님의 존재하심에 대해 상상조차 할 수 없었지만, 반석학교에서 성경을 통해 하나님에 대해 알게 되었습니다. 처음에는 하나님의 임재와 성경 말씀에 대해 거부감을 느꼈지만 지금은 이해할 수 있고, 받아들일 수 있게 되었습니다. 반석학교를 통해 사회에서는 보기 드문 훌륭한 학생들이 배출되는 것은 하나님의 자녀인 선생님들이 학생들의 본보기가 되어주시고, 온전한 그리스도인으로서 학생들을 이끌어 주시기 때문이 아닐까 생각해 봅니다. 훌륭한 스승을 만나면 고목에도 꽃이 핀다고 하는데, 훌륭한 선생님들이 계시기에 저희가 대학교에 진학할 수 있는 기회를 가지게 된 것입니다.

그렇게 2년 동안 저는 반석학교에서 선생님들의 지원에 힘입어 대학교 입시에 합격하여 제가 원하는 대학교에 진학하게 되었습니다. 제 학업 수준으로는 갈 수 없는 곳이지만, 그동안 갈고 닦아온 선생님들의 노력으로 제가 좋은 대학교에 진학하게 되어 감사드립니다.

반석학교에서 보낸 시간을 통해 저는 지식뿐 아니라, 부드럽고 교양 있는 학생으로 성장할 수 있었습니다. 2년 전 마냥 부족하기만 했던 저를 키워주신 선생님들과 반석학교를 후원해 주시고, 관심을 가져주신 모든 분들께 감사의 인사를 드립니다. 지금은 부족한 것이 많은 제자이지만 앞으로 훌륭한 하나님의 일꾼이 되어 선생님들을 뵙고 싶습니다.

　한국에 오는 과정 중에 마음껏 공부하고 싶다는 생각이 들었고, 그것이 저의 목표가 되어 하나원에 있는 하나둘학교에 들어가게 되었습니다. 공부를 시작하기는 했지만 하나원을 나온 후에는 어떻게 공부를 해야 할지, 학교는 어디를 가야 할지 막막하기만 했습니다. 마침 그때 반석학교에서 하나둘학교를 방문하여 학교를 소개했습니다. 반석학교 선생님들이 학교에 대해 설명하는 것을 들었을 때, 이 학교에 가면 포기하지 않고 끝까지 공부를 잘할 수 있을 것 같다는 생각이 들었습니다. 동시에 저는 하나둘학교 선생님들의 추천도 받고 싶은 마음에 상담을 신청했습니다. 상담 선생님은 정말 공부를 하고 싶다면 반석학교로 가라며 반석학교를 추천해 주셨습니다. 그렇게 저는 반석학교에 오게 되었고, 반석학교에서 다시 공부를 시작하게 되었습니다.

　제가 학교에 처음 왔을 때, 친절하고도 세심하게 챙겨주시는 선생님들의 태도에 매우 놀랐습니다. 어릴 때부터 선생님과 학생 사이에는 다가설 수 없는 거리감과 엄격한 선이 있다고 생각했기 때문입니다. 하지만 반석학교 선생님들은 학생 한 명 한 명을 부모의 심정으로 챙겨 주시고, 보듬어 주시면서 동시에 학업에 있어서는 엄격하게 채찍질하시며 키워 주셨습니다.

반석학교에 온 이후 중학교 검정고시를 처음으로 준비했는데, 중학교 검정고시에 이어 고등학교 검정고시까지 곧바로 합격할 수 있었습니다. 처음 공부를 시작한 제게는 어려운 과정들이었지만, 선생님들이 계셨기에 할 수 있었습니다. 이어서 대입 준비를 하게 되었는데 특히 진로 선택에 많은 어려움을 겪었습니다. 하고 싶은 것이 많은 반면, 잘하고 또 좋아하는 것은 없었기 때문입니다. 당시 저는 수없이 상담하면서 여러 번 진로를 바꾸며 좋아하는 것을 찾아가던 중, 뷰티디자이너의 꿈을 찾게 되었습니다. 저는 무엇보다 제가 행복을 느낄 수 있는 것을 하고 싶었습니다. 저는 지금 대학교에서 전문적인 지식과 역량을 쌓으면서 앞으로 사람들에게 나만의 디자인과 재능으로 기쁨을 선사할 수 있는 행복 메이커가 되기 위해 준비하고 있습니다.

반석학교를 졸업한 현재는 대학생이 되었지만 공부를 하는 과정이나 사회생활 중에 어려운 일이 생기면, 선생님들이 가장 먼저 생각나곤 합니다. 무엇보다 반석학교는 저의 안식처였고, 선생님들은 저의 든든한 보호자이자 가족이었기 때문입니다. 대입 준비를 하면서 학업에 관한 어려움도 많았지만, 심적 어려움으로 학업에 집중할 수가 없을 때가 더 많았습니다. 그때마다 선생님들은 저의 투정을 다 들어 주셨고, 간혹 아무 말도 없이 가만히 안아 주실 때면 큰 위로와 용기를 얻었습니다. 이런 선생님들을 통해 저는 또 이런 질문이 생겼습니다. "하나님을 믿으면 이렇게 다 품을 수 있을까? 믿음이 얼마나 굳건하면 이렇게 할 수 있을까?" 하지만 이 질문의 답은 아주 확실했습니다. 사랑. 이 말을 뺀다면 어디에서도 답을 찾을 수가 없습니다. 하지만 그것을 깨달을 때쯤, 저는 졸업을 했습니다.

지금은 그때 더 열심히 하지 못했던 것 같아 후회스럽고, 그 시간이 얼마나 소중했는지 깨닫게 되었습니다. 그 깨달음을 바탕으로 이제는 제게 허락된 모든 시간을 후회로 남기지 않기 위해 노력하고 있습니다. 지난 순간들을 돌아보면, 검정고시부터 대입까지 공부하는 과정에서 많이 방황하고 삐뚤어지기도 했지만, 그때마다 선생님들은 제 손을 놓지 않으시고 마지막까지 잡아 주셨습니다. 그 시간들이 모여 지금의 제가 되었습니다. 사랑하고 존경하는 선생님들께 감사한 마음을 꼭 전하고 싶습니다.

친정. 시집간 여자들의 고향 집을 의미하는 단어입니다. 그러나 저는 남자입니다. 아직 미혼이며, 시집도 가지 않았습니다. 그러나 반석학교는 제게 친정과도 같은 곳입니다. 제게 친정은 가치관을 정립하고, 기댈 수 있으며, 의지할 수 있는 곳입니다. 힘들면 힘들다고, 기쁘면 기쁘다고, 주저없이 마음 편히 기댈 수 있는 곳이 '친정'이라고 생각합니다. 이런 의미에서 반석학교는 저에게 '친정'입니다.

반석에 처음 입학할 때까지 저는 공부와 벽을 쌓고 살았습니다. 고등학교를 졸업할 때까지 스포츠를 좋아했기에 이는 당연한 결과였는지도 모릅니다. 이런 저에게 반석학교는 공부하는 방법을 가르쳐 주었습니다. 처음에는 오만했습니다. 어릴 적부터 역사책을 조금 읽었기에 나름대로 스스로를 지적이라고 생각했습니다. 생각해 보면 부끄러운 일입니다. 이런 오만함으로 당시 역사 선생님께 종종 대들기도 했습니다. 이런 식입니다. 당시 임진왜란에 대해 다루고 있었을 때 선생님은 류성룡을 좋게 보고 계셨습니다. 저는 류성룡이 율곡의 십만양병설을 반대했으므로 임진왜란의 책임에서 결코 자유롭지 못하다고 반박했습니다. 과연 제 주장이 타당했을까요? 지금 생각해 보면 아마도 저는 저의 작은 지식을 자랑하고 싶어 했던 것 같습니다. 당시 선생님이 저에게 면박을 줬냐고요? 당연히 아닙니다. 선생님은 제 주장을 가만히 들어주셨습니다. 만약 선생님이 제게 면박을 줬다면 저는 달라지지 않았을 것입니다. 선생님을 탓했을지도 모르지요. 이런 제가 반석을 다니면서 달라졌습니다. 제 자신의 오만에 대해 보게 되었고, 겸손을 받아들이게 되었으며, 자신을 어느 정도 돌아볼 줄 알게 되었습니다.

반석학교를 다니면서 눈도 밝아졌습니다. 시력이 낮았냐고 물어본다면 답은 당연히 "아닙니다." 세상을 바라보는 눈이 달라졌다는 말입니다. 당시 사설 과목은 교감 선생님이 가르치셨는데, 이 과목을 통해 저는 세상을 바라보는 눈을 뜨기 시작했습니다. 뉴스에 나오는 부동산, 금리, 인플레이션과 물가 등등과 같은 것들이 무엇인지 처음으로 알게 된 것입니다. 제가 반석학교에서 이런 수업을 듣지 않았다면 저는 여전히 눈은 뜨고 있으면서도 맹인의 삶을 살고 있을 것입니다. 반석학교를 통해 세상을 볼 수 있는 눈을 조금은 갖게 된 것입니다.

그리고, '나의 친정 반석학교의 따뜻함'에 대해 나누고 싶습니다. 반석에 있는 학생들은 모두 상처를 가지고 있습니다. 드라마를 보고 한국으로 왔다는 친구들도 있지만, 아마 그들에게도 상처가 있을 것입니다. 단지 자신의 상처를 드러내기 싫어할 뿐이겠지요. 반석에는 이런 이들을 보듬어 주는 따뜻함이 있습니다. '따뜻함'의 정체를, 저는 '존중'이라고 생각합니다. 선생님들은 섣불리 다가오지도, 갑자기 멀어지지도 않습니다. 우리의 이야기를 언제나 들어주고 기다려 주십니다. 우리의 선택을 존중해 주면서도 조언과 부탁을 아낌없이 건넵니다. 언제나 '뛰어난 인재'가 아닌 '사람'이 되라고 강조하면서요. 선생님들의 조언과 부탁이 오늘날 저의 가치관이 되었습니다.

가끔 "반석인이란 뭘까?" 생각해봅니다. 저에게 반석은 제 정체성의 중요한 부분입니다. 제가 가고자 하는 길은 저의 가치관에 의해 정해집니다. 반석은 제게 많은 것을 주었지만, 그중 가장 큰 것이 바로 가치관입니다. 물론 반석에서 경험하고 배운 것이 제 모든 가치관들을 결정했다고는 할 수 없지만, 그 시작이 반석학교였다는 것은 부인할 수 없습니다. 선생님들은 제게 바른 가치관 확립을 위해 많은 것들을 가르쳐 주셨습니다. 물론 제가 그 모든 것을 다 받아들였다고 할 수는 없겠지만, 반석학교에서의 배움과 경험이 제 가치관의 중심이고, 모든 결정의 기준이라는 것은 의심치 않습니다. 저는 우리 반석인들이 이런 자신만의 기준을 가지고 사회의 필요한 사람이 된다면, 반석은 명문으로 거듭날 것이라고 생각합니다. 성공한 사람들이 많이 배출되어서 명문일까요? 그렇지 않습니다. 장차 명문이 될 반석은, 사회에 꼭 필요한 사람, 바른 가치관으로 겸손히 따뜻함을 베푸는 사람을 길러낼 것입니다. 저 또한 그리되기를 기대해 봅니다.

지금은 이화여자대학교에 재학 중인 저는 2020년 2월, 대한민국에 입국하여 적지 않은 나이로 반석학교에 입학했습니다. 하나원에 입소하여 하나둘학교에서 공부할 수 있었지만, 북한에서 못다 한 학업을 한국에서 이어가고 싶은 간절함이 컸습니다. 스물다섯의 나이에 중고등학생들과 함께 공부해야 하는 조심스러운 부분도 있었지만, 간절히 원하던 공부를 할 수 있다는 것에 마냥 행복한 나날을 보냈습니다. 그러던 저는 하나원 수료를 며칠 앞두고 진로에 대해 다시 생각하는 깊은 고민에 빠졌습니다. 북한에 가족을 모두 두고 탈북한 제게, 하루빨리 돈을 벌어 부모님을 모셔오는 것이 무엇보다 중요하다는 생각이 들었기 때문입니다. 이런 저의 마음을 잘 아시는 선생님들께서 '너는 아직 나이도 어리고 앞날이 창창한데 쉽게 포기하지 말고 공부를 해야 한다'는 조언을 해주시곤 했지만, 하루라도 빨리 돈을 벌어야겠다는 결심을 했습니다.

하나원 수료 후 이모님이 계시는 지방으로 주택을 배정받았고, 바로 아르바이트를 시작했습니다. 낯선 문화와 언어로 인해 다른 사람들과 원만한 의사소통이 이루어지지 않았고, 그런 현상은 이 사회에 대한 두려움을 한층 증가시켰습니다. 대한민국에 잘 적응하여 사회의 한 구성원으로 당당히 서기 위해서는 배움이 중요하다는 생각을 절실히 하게 되어, 집 근처의 대학에 입학해야겠다고 생각했습니다. 대입을 위해서는 학교에서의 체계적인 교육과정이 필요했지만 제가 살던 지방에는 제게 적합한 대안학교가 없었습니다. 그때 하나원에서 공부할 때 반석학교에 대해 들었던 기억이 나서 학교 측에 입학 문의를 했습니다. 당시 제가 지방에 있던 관계로 전화 면담을 했는데, 그 십 분 남짓한 시간으로 제 인생의 방향이 완전히 달라질 줄 그때는 상상도 못했습니다. 미래에 대한 특별한 비전 없이 막연하게 지방의 작은 대학에 입학하려던 저를 반석학교 선생님께서 특별한 길로 이끌어 주신 것입니다. 그간 그 누구도 꺾지 못했던 제 고집은 그날 이후로 새로운 삶으로 향했고, 며칠 후 바로 짐을 챙겨 서울로 향했습니다.

반석학교에서 공부하는 동안 저는 몸과 마음이 건장하게 자라 진정한 성인으로 성장했다고 생각합니다. 가족과의 이별로 인한 스트레스와 과로로 벼랑 끝에 내몰렸던 시간이 있었는데, 일상 생활도 힘들 만큼 와르르 무너져 내리는 저를 반석학교 선생님들께서 사랑의 손길로 잡아 주셨습니다. 아파하면 병원에 함께 가주셨고, 심리적으로 힘들어하면 위로와 격려를 아끼지 않으시는 선생님들의 도움으로 저는 삶의 줄을 놓지 않을 수 있었습니다. 남한과는 차원이 다른 북한의 교육체제에 익숙했던 저는 대학 입시를 준비하는 기간 동안 여러 난관에 부딪쳤습니다. 영어와 수학도 물론 어려웠지만 컴퓨터를 다뤄본 적이 없었던 저는 초보적인 한글 문서작업부터 발표 수업용 PPT 자료를 만드는 과정에 이르기까지 어느 것 하나 쉽지 않았습니다. 특히 문서 작성 방식이 북한과는 완전히 다르기 때문에 올바른 서식의 리포트 한 장을 완성하는 것조차 너무나도 어려웠습니다. 이랬던 제가 반석학교의 PPT 수업, 엑셀 수업 과정을 통해 ITQ 자격증을 취득할 수 있었고, 사설 수업과 독서 수업을 들으며 논리적으로 사고하고 글 쓰는 방식을 하나하나 체득해 나갔습니다. 지금도 생각해 보면 반석학교에서의 하루하루는 선생님들 손에 이끌려 한 걸음 한 걸음마를 뗀, 인생의 시작점이나 다름없었습니다.

반석학교는 단순히 공부만 하는 학교가 아니라 학생들과 선생님들이 어울려 대식구를 이루는 사랑의 큰 집입니다. 이 집에서 우리는 삶의 용기, 삶의 의미와 함께 하나님의 사랑을 배우고 노래했습니다. 이미 졸업해서 대학교에 진학했지만 여전히 '반석학교'는 친정집처럼 느껴집니다.

여전히 힘들 때면 선생님들께 매달려 떼쓰는 것 같아 죄송할 때도 있지만, 늘 그랬듯이 앞으로도 쭉 애정을 잃지 않고 기쁠 때나 힘들 때나 찾아뵙겠습니다. 우리 반석학교, 항상 감사하고 사랑합니다.

북한에서 저는 간호사를 꿈꾸었습니다. 어려움이 있었지만 무사히 탈북을 했고, 하나원에서 간호학과 교수님을 만나 이야기를 나눌 기회가 생겼습니다. 동시에 북한에서 못다 이룬 간호사의 꿈을 다시 가지게 되었습니다. 이후 하나원을 출소했고, 간호대학에 진학하기로 결심했으나 혼자 할 수 있는 일은 아니었습니다. 예전에 만났던 간호학과 교수님이 주신 명함으로 연락을 드려 상황을 말씀드렸더니 반석학교를 소개해 주셨습니다.

반석학교에 들어가면 학교에 잘 적응할 수 있을지, 공부는 잘할 수 있을지, 여러 가지 고민도 많았습니다. 그러나 괜한 기우였습니다. 제 걱정과는 다르게 선생님들은 매우 친절하셨고, 학교 분위기도 가족 같은 따스함이 느껴져 좋았습니다. 늦은 나이에 학교에 들어가 공부를 이어 가려고 하니 어려움들이 많았습니다. 그럴 때마다 선생님들은 더 잘 가르쳐주려 하셨고, 따스한 격려도 아끼지 않으셨습니다. 무엇보다 전문성이 느껴졌던 것은 외부에서 강사님들을 초대해 대학교 진학 전에 필요한 과목들을 배워갈 수 있도록 해주신 것입니다. 대학교 지원 시즌이 될 때면 선생님들도 정신없이 바빠지는데, 그럼에도 한 명 한 명의 자기소개서를 일일이 피드백 해주시고, 수정해 주셨습니다.

저도 노력했지만, 선생님들의 수고와 헌신 덕분에 제가 원하는 대학교에 입학할 수 있었습니다. 대학교에 진학한 이후에도 힘들 때마다 반석학교 선생님들은 제게 잘할 수 있다며 뜨겁게 응원해 주셨고, 뭐라도 도움이 되어주시려고 부단히 애써 주셨습니다. 반석학교는 저에게 친정집과도 같은 곳입니다. 학교에서 좋은 선생님들을 알게 되었고, 하나님에 대해서도 알게 되었습니다. 힘들고 지칠 때면 하나님을 믿고, 하나님께 기도하며 마음을 추스를 수 있었던 것 같습니다. 하나님은 하나원에서부터 저에게 좋은 사람들을 보내주셨고, 지금까지 그 인연을 이어갈 수 있게 해주셨습니다. 나중에 딸을 데려오게 된다면, 꼭 반석학교에 보내 좋은 선생님들의 가르침을 받게 하고 싶습니다. 지금까지 이렇게 성장하게 된 것은 다 반석학교 선생님들과 하나님의 은혜라고 생각합니다. 앞으로 저도 누군가에게 도움을 줄 수 있는 사람이 되고 싶습니다. 지금까지는 도움을 더 많이 받아왔지만, 간호사라는 꿈을 이루어 도움이 필요한 곳에 도움을 흘려보내는, 아름다운 사회의 구성원으로, 한 사람으로, 한 성도로 자라나고 싶습니다.

　미래에 대한 희망과 '간호사'라는 꿈을 잔뜩 꾸던 낭만 가득했던 열세 살의 저는 갑자기 홀로 남겨졌습니다. 부모님이 갑자기 탈북하셨기 때문입니다. 홀로 남겨진 아이가 북한의 암담한 현실 속에서도 좌절하지않고 살아갈 수 있었던 것은 꿈이 있었기 때문입니다. 한국에 도착한 후 가장 먼저 한 일은 내가 성장할 수 있는 학교를 찾는 일이었습니다. 지인의 소개로 알게 된 반석학교는 오로지 학생들을 위해 힘써 주시는 선생님들이 계시고, 학생들에게 가능한 모든 지원을 하고자 최선을 다하는 학교였습니다. 입학 절차를 밟고 처음 등교한 날은 2018년 여름방학이 끝난 후 개학날이었습니다. 친구들은 방학 내내 있었던 일이나 안부인사를 하는 듯해 보였고 그들의 활기찬 모습은 신입생인 저에게 긍정적인 인상을 주었습니다. 이날 간단한 자기소개를 마치고 장기자랑을 하는 시간을 가졌는데, 내 차례가 다가올수록 긴장되어 손에 땀이 송골송골 맺혔던 기억이 떠오릅니다.

　반석학교는 매일 아침을 주님의 말씀과 찬양으로 시작합니다. 저는 이것이 우리 학교의 장점 중 하나라고 생각합니다. 또한 학교에서는 학생 한 사람 한 사람의 전공에 맞게 맞춤형 교육을 실시함으로써 공부에 더 집중할 수 있도록 도와줍니다. 학교에 입학한 후 6개월은 적응하기에 바빴고, 이후로는 검정고시 준비를 하였습니다. 다음 해 4월에 검정고시를 치렀는데 성적이 낮아 안타까워하고 있는 저를 다독여 주시고 응원해 주신 선생님들의 모습이 선명하게 기억에 남습니다. 용기를 내어 치른 재시험에서 다행히 좋은 성적을 받았고, 이후에는 대학교 입시 준비를 하게 되었습니다. 매해 6월과 7월은 모의면접과 각 대학교에서 요구하는 서류들을 준비해야 하는 시기로 선생님들이 퇴근도 못한 채 바삐 움직이시는 모습을 볼 수 있습니다. 대학교에 입학할 수 있었던 것은 개개인의 노력도 있겠지만, 선생님들께서 함께해 주셨기 때문에 얻을 수 있는 성과였습니다. 합격 발표가 나던 날, 당사자인 저보다 더 긴장을 하고 결과를 기다리시던 선생님들, 합격 통보를 받고 누구보다 기뻐하시고 눈물을 흘리시던 선생님들의 모습이 생각납니다. 그 모습을 보며 선생님들의 사랑을 받고 자라난 학생이라면 어느 곳을 가든 자신감을 가지고 생활할 것이라는 믿음이 생겼습니다. 종례시간에 졸업여행으로 제주도를 가게 되었다는 소식을 듣고 기뻐하던 친구들의 모습도 떠오릅니다. 제주 졸업여행은 항상 학생들에게 좋은 것만 보여주고 싶고, 맛있는 것만 먹여주고 싶은 선생님들의 사랑의 마음을 다시 깊이 느낄 수 있는 시간이었습니다. 주변 환경은 한 사람이 성장하는 데 굉장히 큰 영향을 미칩니다. 저는 반석학교에서 많은 사람들과 만나고 헤어지는 시간을 반복하며, 그곳이 주님의 사랑 안에서 하나의 공동체를 온전히 이룬 곳이며, 서로를 격려해 주고 자상한 배려가 오가는 소중한 곳임을 깨닫게 되었습니다.

학교는 제게 미래의 방향성과 공부의 중요함을 일깨워주었습니다. 동시에 좌절하지 않고 계속해서 도전할 수 있는 사람, 그럴 수 있는 용기를 가진 사람으로 성장시켜주었습니다. 저는 현재 이화여자대학교에서 간호사가 되는 그날을 기대하며 열심히 공부하고 있습니다. 하나님의 비전으로 세워진 반석, 하나님의 사랑과 믿음 속에서 성장한 학생으로서, 이 모든 과정이 단순히 남한 생활의 정착을 위한 시간이 아니라, 미래의 통일을 준비하고 이루는 데 이바지할 수 있는 뿌리가 될 것이라고 믿습니다.

여러분은 반석학교라는 말을 들으면 어떤 이미지가 떠오르시나요? 아마 대부분의 사람이 '교회와 관련된 학교'라고 생각할 것 같습니다. 최소한 저는 그렇게 생각했습니다. 저는 일반 중학교를 졸업하고, 고등학교를 진학하는 과정에서 반석학교를 알게 되었습니다. 일반 중학교에 다닐 때 하나님을 증거하는 자녀가 아닌, 하나님을 부인하는 자녀에 가까웠습니다. 그랬던 저이기에 믿음으로 저의 마음이 다시 세워지길 기도하며 학교를 찾고 있었습니다. 처음 반석학교 교감 선생님을 만나 학교 진학에 관한 이야기를 나눌 때, 하나님이 이 학교로 저를 부르신다는 느낌을 받아 반석학교에 진학한 지도 어느덧 2년이라는 시간이 흘렀습니다.

제 삶의 한 부분이 되어버린 반석학교, 이 학교는 이름 그대로의 학교입니다. 학생들에게 아주 견고하고 든든한 기초를 세워주는, 진짜 반석 같은 학교이기 때문입니다. 반석학교는 다른 학교와 구별된 독특함을 가지고 있습니다. 매일 아침 예배로 하루를 시작하는 것이 그것입니다. 그래서인지 우리 학교는 가족과 생활하는 학교, 가족이 함께하는 학교가 되었습니다. 성별과 연령을 떠나 우리 학교는 너무나도 큰 사랑이 넘칩니다. 피로 묶인 가족보다 더 끈끈한 사랑을 매번 느끼곤 합니다.

우리 학교에는 제3국 출생인 중국 친구들도 많습니다. 그 친구들은 한국말이 서툴지만, 언니, 오빠들에게 "힘들어요"라는 말도 서슴없이 할 만큼 친하게 지냅니다. 저는 그런 말을 편한 사람들에게도 솔직하게 하지 못할 때가 있는데, 아마 그 친구들은 언니, 오빠들이 편한 것 같습니다. 우리 학교만의 독특한 점을 또 한 가지 말한다면 연령대가 다양하다는 것입니다. 10대 초반부터 30대 초반의 다양한 사람들이 함께 공부하고 있습니다. 연령대가 다양하다 보면 서로 부딪치기도 하고, 여러 어려움을 겪을 것 같지만, 우리 학교의 경우에는 오히려 그것이 장점입니다. 한 가지 사례를 이야기하면, 수학여행에서 고기를 구워 먹은 적이 있습니다. 오빠들과 선생님들은 고기를 구우셨고, 언니들은 식사를 준비했습니다. 어린 친구들도 언니들을 도와서 함께했습니다. 그렇게 준비를 마치고 한창 고기를 구워 먹을 때, 선생님들과 오빠들은 저희에게 고기를 구워 주느라 바빴습니다. 그때 어린 친구들이 고기 쌈을 싸서 오빠, 선생님들 입에 넣어주곤 했습니다. 별일이 아닐 수도 있지만, 서로를 사랑하는 마음이 없다면 쉽게 그럴 수 있을까요? 우리에게는 자연스러운 이런 모습이 다른 곳에서는 당연한 것이 아닐 수도 있다는 것도 잘 압니다.

개인적인 상황 때문에 몸과 마음이 모두 지쳤을 때가 있었습니다. 아마 계절로 표현한다면 겨울이 아니었을까 싶습니다. 마음 한 켠에는 이런 생각도 들었습니다. 북한에서 양부모님도 없이 혼자 살 때에 비하면 전혀 힘든 게 아닌데, 도대체 지금은 왜 이렇게 힘든 걸까. 그때 담임 선생님은 저를 조용히 부르셔서 이야기를 들어주시고, 이런 말씀을 해주셨습니다. "힘든 건 그냥 힘든 거야. 크고 작은 게 없어. 힘들면 힘들다고 말해도 돼." 선생님의 말씀은 제 자신을 솔직하게 만들었습니다. 또한 선생님은 제 마음이 다시 바로 설 수 있게 기도해주시고 기다려 주셨습니다. 사소한 것까지도 다 들어주시고, 학생들의 마음을 먼저 헤아리는 선생님들이 계셔서 저희 같은 학생들이 타지인 한국에서 잘 살아갈 수 있는 이유가 아닐까 생각합니다.

학교에서 매일 아침 부르는 찬양 중에 '은혜'라는 찬양이 떠오릅니다. 이 찬양의 가사처럼 참으로 반석학교를 알게 된 것, 이곳에서 공부하는 것, 사랑 받은 것, 이 모든 것이 당연한 게 아니라 은혜임을 고백합니다. 마지막으로 세상에 둘도 없는 선생님들, 바로 저희의 어머니, 아버지 같은 분들이 계셔서 이 학교에서 빛의 자녀들로 성장할 수 있었습니다. 이분들은 하나님의 예비하심으로 저희처럼 상처가 많은 학생을 구하러 온 천사와 같은 분들이십니다. 직접적인 사랑으로 저희를 아껴주고 이끌어 주고 계십니다. 사랑 외에 어떤 방법으로도 다가갈 수 없는 아이들에게 오로지 사랑만으로 다가와 주시는 선생님들께 항상 감사 드립니다.

"내가 달려갈 길과 주 예수께 받은 사명 곧 하나님의 은혜의 복음을 증언하는 일을 마치려 함에는 나의 생명조차 조금도 귀한 것으로 여기지 아니하노라" (행 20:24)

2008년, 하나님의 부르심으로 탈북 청소년 대안학교에서 근무하기 시작했습니다. 처음 시작할 때는 내가 과연 이 일을 언제까지 할 수 있을까 싶었는데, 벌써 15년이라는 세월이 흘렀습니다. 제 청춘을 한 단어로 이야기한다면 '북한'이었습니다. 그동안 많은 아픔과 슬픔과 좌절도 있었지만, 그래도 제게 남은 건 행복과 감사, 사랑이었다고 단언할 수 있습니다.

지금까지 수많은 학생들이 반석학교를 졸업했습니다. 좋은 대학에 들어가 취업한 학생도 있고, 결혼해서 아이 낳고 잘 사는 친구들도 있습니다. 취업 때문에 좌절하고 고민도 하지만, 남한 청년들과 다를 것 없이 잘 살아보려고 노력하고 있는 모습이 너무나도 자랑스럽고 기특합니다. 이들이 이렇게 이 사회의 한 구성원으로서 잘 버티고 있는 것은, 반석학교라는 소중한 울타리 안에서 '사랑'이라는 영양제를 듬뿍 먹은 까닭이라고 말할 수 있습니다. 여기까지 오는 길이 쉽지 않은 여정이었지만, 긴 터널을 잘 통과하여 빛나는 사회인으로, 그리고 신앙인으로 잘 성장한 데는 반석학교 선생님들, 그리고 이들을 위해 늘 사랑으로 기도해 주는 후원자분들, 무엇보다도 이 아이들을 사랑하시는 하나님의 전적인 은혜 때문입니다.

반석학교는 특별한 곳입니다. 이곳에는 사랑이 넘칩니다. 그간 네 번의 시험관 시술 끝에 드디어 첫째 아이를 낳고, 뒤이어 둘째 아이를 낳는 동안 힘든 줄도 모르고 출근했습니다. 출산 막달이 되자 배가 남산만해져서 너무 커져버린 몸을 발목이 견뎌내지 못해 깁스를 한 상태로 두 시간가량 되는 출퇴근 길을 다녔던 기억도 있습니다. 물론 힘들기는 했지만 출근하기 싫다는 생각은 단 한 번도 한 적이 없습니다.

그동안 제 건강을 돌보지 않고 일해서였는지 작년에 제 몸에 탈이 났습니다. 자궁근종이 커서 하혈을 너무 많이 했고, 피가 부족해 수혈을 받아 수술해야 할 지경에 이르렀습니다. 코로나 시기라 수술도, 수혈도 굉장히 힘든 때였습니다. 헌혈하는 분들이 없어서 지정 헌혈을 해야 한다고 했는데, 반석학교 학생들이 서로 헌혈에 동참하겠다고 하는 상상할 수 없는 상황이 연출되었습니다. 북한에서 피는 정말로 귀합니다. 목숨과도 같습니다. 그래서 그들은 한국에 와서 사람들이 헌혈한다는 말을 이해하지 못합니다. 피를 뽑는다는 것은 죽는 것과도 같다고 얘기하는 친구들도 있습니다. 그러던 그런 아이들이 서로 자기 피를 주겠다니요. 그렇게 지정 헌혈을 받아 수술을 무사히 마쳤고, 지금은 건강하게 잘 지내고 있습니다.

처음 이 일을 시작할 때 반석학교에서 나의 일은 사랑을 주겠다는 것이었습니다. 지금 생각해 보면 정말 자만했던 것 같습니다. 시간이 흐르면 흐를수록 사랑을 주기보다 오히려 아이들에게 더 큰 사랑을 받으면서 일을 하고 있습니다. 사랑이 고팠던 아이들은 작은 사랑을 받고 더 큰 사랑을 내어줍니다. 그래서 그들에게 참 많은 것을 배웁니다. 어떻게 사랑을 나눠주는 건지, 어떻게 사랑을 표현하는 건지 아이들에게 지금도 배우고 있습니다. 그런 순수한 마음에 하나님의 사랑이 들어가니 걷잡을 수 없이 사랑스러운 아이들로 변화됩니다. 왜 탈북 학생들의 교육까지 우리가 신경 써야 하냐고, 왜 그들을 도와줘야 하냐고 묻는 이들에게, 우리 아이들을 자랑스럽게 보여주고 싶습니다.

반석학교는 말씀과 찬양으로 아침을 시작합니다. 하나님을 믿고 온 아이들도 아닐뿐더러, 누가 시킨 것도 아닌데, 자발적으로 찬양팀을 꾸리고, 성경 말씀을 읽습니다. 왜냐하면 선생님들이 믿는 하나님이 누구신지 궁금하기 때문이라고 하면서…. 최근 믿음이 전혀 없던 한 학생이 성경 말씀을 읽으면서 신기하게도 마음에 기쁨이 생기고 재미있어졌다는 고백을 해

왔습니다. 그 말을 듣고 그 학생이 하나님을 진정으로 만나고 있구나 하는 생각이 들어 얼마나 기뻤는지 모릅니다. 누구도 강요하거나 은연중에 주입하지 않지만, 이곳에서 하나님께서 일하고 계심을 항상 느끼지만, 하나님께서 역사하심을 또 한 번 확인하는 감사한 시간이었습니다.

　이 일을 시작한 지 10년 만에 교감이 되었습니다. 그저 아이들과 공부하고, 사랑을 주고받기만 했던 제게, 어떤 준비도 안 된 제게 갑자기 큰일을 맡기신 하나님께 그 이유를 물은 적도 있습니다. 저는 조용히, 정말 조용히 아이들만 가르치고 싶었습니다. 반석학교 이전에도 여러 일을 경험했기에, 그저 학생들과 소통하며 지내는 것만을 최고의 행복으로 여기고 있었는데, 하나님께서는 제게 또다시 큰일을 맡기셨습니다. 참 막막했습니다. 행정, 예산, 교육 강사 관리부터 학생들 관리까지, 그 많은 일들을 잘 할 수 있을까 두려웠습니다. 시작부터 힘들었습니다. 지혜와 힘을 달라는 기도가 절로 나올 정도였습니다. 과연 하나님께서는 아주 세세한 부분들까지 반석의 필요를 아셔서 예산을 채워 주시고, 귀한 학생들을 불러 주셨습니다. 또한 훌륭한 강사 한 분 한 분을 보내 주셔서, 반석학교가 더욱 체계화되고 좋은 학교가 될 수 있도록 모든 필요를 채워주셨습니다. 현재는 서울시 교육청에서 중등 위탁 학교로 지정되어 국공립학교 졸업장을 받을 수 있는 학교로 인정되었고, 남한에 와서 공부를 하고 싶으면 반석학교에 가면 된다는 좋은 소문이 날 정도로 인정받는 학교가 되었습니다. 이 모든 것은 하나님의 은혜이며 겸손과 사랑과 실력을 갖추신 많은 선생님들의 전적 순종과 헌신, 그런 선생님들을 믿고 따라주는 학생들, 그리고 언제나 한결같이 학교를 위해 기도해 주시고 후원해 주시는 후원자님들 덕분입니다. 저는 이곳에서 매일매일 하나님의 살아계심을 확인합니다. 그리고 감사한 마음으로 우리 아이들을 너무나도 사랑하시는 하나님의 말씀에, 오늘도 순종하고 나아갑니다.

"그가 모든 사람을 대신하여 죽으심은 살아있는 자들로 하여금 다시는 그들 자신을 위하여 살지 않고 오직 그들을 대신하여 죽었다가 다시 살아나신 이를 위하여 살게 하려 함이라"(고린도후서 5:15)

교회를 마치 보험처럼 여기면서 다니던 어느 날, 하나님께서는 당신의 살아계심을 확실히 보여 주셨습니다. 그때 깜짝 놀란 나에게서 나온 고백은

"그런즉 이제는 내가 사는 것이 아니요 오직 내 안에 그리스도께서 사시는 것이라"였습니다. 그 말씀이 어떻게 기억되고 있었는지 몰랐습니다. 하지만 그 감사와 확신이 얼마나 컸던지 매주 주보를 샅샅이 살피며 하나님께 이것을 해볼까요, 저것을 해볼까요, 무엇으로 하나님을 기쁘시

게 해드릴까요 여쭈며 고민했습니다. 그때 눈에 들어온 것이 반석학교 학습봉사자 모집 광고였습니다. 마침 과학 과목의 학습봉사자를 모집하던 중이었습니다. 반석학교가 무슨 학교인지 그제야 찾아보게 되었습니다. 중등 과학교사였던 제가 이걸 하기를 원하시나요, 하고 하나님께 여쭈었습니다. 그때 응답으로 주셨던 말씀이 있었는데, 일기장을 찾아보니 '반석학교 봉사 시작하던 때에 주신 말씀'이라는 메모와 함께 마태복음 25:35~40 말씀이 적혀 있었습니다.

"내가 주릴 때에 너희가 먹을 것을 주었고 목마를 때에 마시게 하였고 나그네 되었을 때에 영접하였고 헐벗을 때에 옷을 입혔고 병들었을 때에 돌보았고 옥에 갇혔을 때에 와서 보았노라 이에 의인들이 대답하여 이르되 주여 우리가 어느 때에 주께서 주리신 것을 보고 음식을 대접하였으며 목마르신 것을 보고 마시게 하였나이까 어느 때에 병드신 것이나 옥에 갇히신 것을 보고 가서 뵈었나이까 하리니 임금이 대답하여 이르시되 내가 진실로 너희에게 이르노니 너희가 여기 내 형제 중에서 지극히 작은 자 하나에게 한 것이 곧 내게 한 것이라 하시고"

그것이 시작이었습니다. 그때 만났던 아이 중 하나는 제게 자기 어머니 같다고 말해주었습니다. 그 얘기를 듣고는, 하나님이 이 아이들을 자식처럼 사랑하며 살아가라고, 그를 통해 필요한 인내를 이루어가라고 하시나 보다 짐작했습니다. 그리고 그다음 해, 한 선생님께서 시간강사로 내게 수업을 맡기시며 내가 자신의 기도 응답이라고 말했습니다. 과분한 일이 아닐 수 없었습니다. 하나님께서는 이렇게 일하신다는 것을 그때 깨달았습니다. 나는 나대로, 그는 그대로, 각자에게 필요한 은혜와 교훈, 응답으로 하나님은 우리의 삶을 인도해 가십니다.

   반석학교와 처음 인연을 맺은 즈음 읽었던 책이 있습니다. 『북한선교의 마중물 탈북자(조요셉 저)』인데, 이 책의 저자는 우리가 북한에 직접 들어가서 복음을 전하기 어렵기 때문에 하나님께서 탈북자들을 우리에게 보내주셨다고 말했습니다. 그리고 이들이 언젠가 도래할 통일시대에 북한 땅에서 리더의 역할을 할 수 있는 중요한 인적 자원이라고 했습니다. 이 글을 읽으며 가슴이 뜨거워졌습니다.

   반석학교의 아이들은 매일 아침 선생님들과 함께 예배로 하루를 시작합니다. 학교에도 말씀과 기도, 찬양이 있습니다. 자발적으로 찬양팀을 구성해서 예배를 섬기는 아이들도 있습니다. 사랑의 나눔이 있고, 감사의 눈빛이 있습니다. 자유를 찾아 이곳에 오게 된 아이들 각자의 이야기는 어떤 때는 두렵기도 하고 또 때론 슬프기도 합니다. 각자의 사연은 다양하지만, 학교 안에서 경험하는 사랑과 교육으로 아이들의 믿음이 자라가고 성장하는 것을 봅니다. 그 믿음 안에서 자신의 진로를 찾아가는 과정을 보다 보면, 이 아이들이 정말 통일시대의 중요한 그리스도인 인재로 성장하고 있다는 것을 절로 느끼게 됩니다. 그래서 이들을 위한 기도가 저절로 나옵니다.

    하나님은 사람을 통해서 모든 일을 하십니다. 우리가 두렵고 떨림으로 우리의 구원을 이루어가는(빌 2:12) 과정 속에서 하나님은 우리를 사랑으로 이끌어 주시며, 우리가 갖는 비전과 소원 속에 하나님의 생각을 심어 주십니다. 나를 위하여 죽으시고 다시 살아나신 당신을 위해 살아가게 하시고, 그것이 바로 이 아이들을, 나에게 보내준 이웃으로 사랑하는 것이라는 확신을 주십니다. 하나님이 사랑하시는 반석학교의 아이들이 바로 나의 이웃이요, 나를 위하여 자신을 버리신 예수님임을 깨달아가며, 이러한 축복의 자리를 허락하신 선하신 하나님께 감사드립니다.

    2016년 5월 24일, 처음으로 사랑의교회 강남 성전 소망관에 위치한 반석학교에 발을 디뎠습니다. 교무실과 학생 공간을 분리하는 용도로 칸막이를 해놓았는데, 칸막이가 천장까지 닿지 않아 위가 훤히 뚫려 있었습니다. 덕분에 선생님과 학생들이 서로의 웃음소리까지도 시원하게 들을 수 있던, 그런 곳이었습니다. 주방이 따로 없어 아침마다 선생님들끼리 당번을 정해 일찍 출근해 버너에 국을 끓이고 전기밥솥에 밥을 안치면, 들어오는 학생마다 "선생님 오늘 아침 국은 뭐예요? 맛있는 냄새가 복도에 가득해요. 너무 좋아요" 하며 환하게 웃던, 그런 곳이었습니다. 지난 6년간 두 번의 이사를 거쳐 이제는 교무실과 자습실, 강의실, 급식실이 분리된 공간으로 자리 잡게 됐지만, 여전히 반석학교는 서로의 소리를 들으며 함께 웃고 떠들던 그때 그대로입니다.

반석학교에서 영어, 사회, 민주시민 교과를 가르치고 대입 반을 담당하고 있던 저는 필리핀에서 2년간 선교사역을 마치고 귀국한 후, 다른 대안학교의 탈북 학생에게 영어 일대일 교육 봉사를 시작하면서 처음으로 탈북민을 만났습니다. 북한 선교에 대한 소명이나 열정이 있었던 것은 아니었습니다. 선교사로 서원하고 떠났던 여정에서 이유를 알 수 없는 하나님의 뜻을 따라 한국에 돌아와 많이 고민하고 방황하던 때였습니다. 살아 있는 예배를 드리고 싶다는 간절한 마음에 귀국 후 사랑의교회에서 예배를 드리기 시작했고, 무너진 마음이 하나님의 사랑 안에서 회복되어 가던 시기였습니다. 하나님은 실수하지 않으시는 분이다, 내 삶의 모든 퍼즐은 하나님의 때에 완성될 것이라 되뇌며 수요예배, 청년 금요예배, 대예배, 청년 예배, GBS 모임, 특새, 그리고 성경대학까지, 말씀을 들을 수 있는 모든 자리를 찾아갔습니다. 그러다 주보에 적힌 '북한선교국 새터민 사역 TFT 모집'이라는 광고를 보게 되었고 어느새 그곳의 일원이 되어 매달 안성 하나원 하나교회 예배 섬김 사역과 탈북 청소년 학습 멘토링을 시작하게 되었습니다. 제 나이 서른 살 때였습니다. 그때 평생 사역의 동반자이자 가장 귀한 친구인 교감 선생님도 만났는데, 그때부터 우리는 함께 13년간 탈북 청소년의 학습 멘토링 교사로 그리고 친한 친구로 마음을 나누며 지냈습니다. 처음 탈북 청소년 학습 멘토링을 했던 어느 학생의 담임 선생님이자 기숙사 선생님이 지금의 교감 선생님이었고, 제게 직장을 그만두고 이 사역을 함께 하는 것이 하나님의 뜻인 것 같다며 제 손을 붙잡아 준 이도 지금의 교감 선생님이었습니다.

필리핀 선교를 떠났다 돌아온 제게, 북한 선교의 길은 낯설게 느껴졌습니다. 탈북 청소년과 공부하고 함께 예배하고 기도하는 것은 매우 기뻤지만, 자신이 없기도 했고 이 길이 맞는 길인지 확신할 수 없었습니다. 마음을 먹고 한 달을 작정하며 새벽 기도를 드린 지 한 주밖에 지나지 않았을 때, 하나님의 마음이 제 마음을 쳤습니다. "너는 무엇을 위해 기도하고 있니? 그들과 함께 하는 일에 네 삶을 드리는 게 맞는지 아닌지를 내게 구하고 있니? 네가 해야 하는 기도는 능히 감당할 힘과 성령의 충만함이란다." 지금까지 헛것을 구한 것 같았습니다. 정신이 번쩍 났습니다. 같은 주 수요일, 성경대학 신약 강의를 통해 예수님이 십자가에서 하신 고백, '나의 하나님이여 어찌하여 나를 버리시나이까' 강해를 들으며 강사 목사님과 시편 22편을 살펴보았습니다. 십자가 위에 달리신 주님이 하신 고백이 그대로 담겨 있었습니다. 강사 목사님은 27절을 보라고 하셨습니다.

"땅의 모든 끝이 여호와를 기억하고 돌아오며 모든 나라의 모든 족속이 주의 앞에 예배하리니"(시 22:27).

이것이 십자가 위에 달리셨던 주님의 마음이고 바람이었다는 말씀에, 눈물이 핑 돌았습니다. 그리고 깨달았습니다. 땅의 모든 끝, 가장 가깝지만 가장 먼 곳 북한 땅으로부터 주님이 보내신 이들이 주님 앞에 예배드리는 것, 그것을 소망하며 내가 할 수 있는 일을 해내는 것이 하나님의 뜻이구나. 그 후로 지금까지 반석학교에서 우리 귀한 학생들과 함께 하면서 느낀 그 행복과 기쁨은 결코 사람의 일을 통해 얻을 수 없는 것이었습니다. 매 순간 인도해 주신 하나님, 어떤 아픔 가운데에서도 견디고 성장해 준 우리 학생들, 동역자들, 기도해 주시고 후원해 주신 많은 분들과 함께 한 시간들을 돌아보면 하나님이 반석학교와 우리 학생들을, 그리고 북한 땅을 얼마나 사랑하시는지 느낄 수 있었습니다. 누군가 반석에서 어떤 일이 가장 행복했는지 묻는다면, "행복은 늘 현재 진행형이므로 기억이 나지 않습니다"라고 답하겠습니다. 이 글을 쓰는 오늘도 너무 행복합니다. 이상 기온으로 하루만에 급격한 한파가 찾아온 오늘, 체험학습이 있어 학생들과 이동을 해야 했는데 그들은 깔깔 웃으며 "선생님, 이 정도는 북한에서 10월이에요. 오랜만에 겨울을 느낄 수 있어서 너무 좋아요, 시원해요"라며 오히려 제가 춥지 않은지 살펴주었습니다. "이렇게 추운 날 왜 예쁜 치마에 얇은 코트를 입었어? 많이 춥다고 공지했는데?" 하고 묻자 "선생님, 오늘 체험학습 가서 밖에 나간다고 예쁘게 꾸몄어요"라고 대답했습니다. 그 옆에서 "오늘 체험학습 아니고 태풍 체험인데!"라며 맞받아치는 아이들과 함께 큰소리로 웃었습니다. 아이들이 너무 사랑스러워 가슴 한 편이 따뜻해졌습니다. 반석에서의 매일은 웃음과 행복으로 가득합니다. 이렇게 귀한 우리 학생들이 통일 후 남과 북의 상처를 봉합하는 데 앞장설 하나님의 일꾼들이 될 것이라는 데 의심의 여지가 없습니다.

물론 반석학교에서도 아픈 기억은 있습니다. 우리 학생이었던 한 친구가 북한으로 돌아가고, 이후 그 친구에 대한 뉴스가 유튜브나 온라인상에서 떠들썩할 때의 일입니다. 마음이 많이 아팠습니다. 눈물이 저절로 흘렀습니다. 탈북한 루트로 재입북해 개성에 돌아간 아이가, 간첩 내지는 특수 요원일 것이라는 거짓 뉴스들이나, 관계 기관의 무능을 질타하는 소리들, 그러니 탈북자를 받아줄 필요가 없다는 차갑고도 서슬 퍼런 댓글들을 볼 때 마음이 무너졌습니다. 귀가 온전히 들리지 않은 채 상담 선생님 손에 이끌려 반석학교 입학 상담을 받았던 아이의 기억이 겹쳐 세상에 거침없이 떠도는 말들이 가슴 아팠습니다. 사실 그 친구는 십 년 넘게 탈북 청소년들을 만나고 가르치던 중 만난 가장 여린, 어떻게 보면 바보처럼 착하던 친구였습니다. 중이염으로 시작된 작은 질병 때문에 십 대에 접어들며 청력의 대부분을 잃었고, 사람들의 입술이나 분위기를 보며 들리는 척 따라 웃기만 하던 순한 친구였습니다. 그래서 옆에 있던 다른 친구들이 많이 챙겼고, 함께하던 선생님들의 손도 가장 많이 갔던 학생이었습니다. 세 번째 귀 수술도 학교가 보호자가 되어 교사들과 친구들이 곁을 지켰지만, 그 수술로도 청력이 완전히 회복되지는 못했습니다. 사기도 당해 제가 손잡고 경찰서 사이버수사대를 찾아가 인터넷으로 공부해가며 첫 고소장을 작성해 준 아이였습니다. 공부에는 한계가 분명 있었지만 요리하는 것을 즐거워해서 2년제 요리 전문대학을 준비했고, 합격 통지를 받았던 때쯤, 브로커를 통해 어머니를 찾았다는 연락이 왔습니다. 어머니께 생활비를 보내드려야 된다고 입학을 포기한 채 식당 일을 시작하면서 졸업 아닌 졸업으로 학교를 떠났던 아이였습니다. "선생님 잘 지내시죠? 보고 싶어요. 곧 보러 갈게요." 때마다 문자를 보내주던 그 아이가 재입북했다는 소식이 아침 뉴스에 나왔고, 아이의 곁을 지키던 친구들에게 일제히 전화가 걸려왔습니다. "선생님 뉴스 봤어요? 뉴스 틀어보세요. 쟤가 걔예요. 아직 이름은 안 나오는데 분명해요."

　너무나 큰 충격에 뉴스를 보면서도 믿어지지가 않았습니다. 통일부에서 연락이 오고 어떤 아이였는지 묻는 관계 기관의 전화가 계속 왔지만 무슨 말을 해야 할지 몰랐습니다. 곁을 지켜주던 친구들도 그 친구가 이렇게 될 것을 미리 알고 있었는지, 잘 지내고 있었던 것 아니었냐는 질문을 받아야만 했습니다. 저보다 더한 충격을 받고, 자신의 가족들도 걱정해야만 하는 처지에 놓여있는 아이들이 말입니다. "힘들다고만 했어요. 너무 힘들고, 어머니 보고 싶다고. 돌아갈 거라는 건 상상도 못했어요. 가면 죽거나 죽는 게 나은 삶일 게 뻔한데 멍청한 자식! 바보 같은 놈!"

　아이들은 물론 반석학교 선생님들까지, 우리 모두는 말로 다할 수 없는 충격을 받았고 아픔을 느꼈습니다. 왜 몰랐을까요? 그렇게 힘들었으면 우리에게 돌아오지 대체 왜. 그 후로는 졸업생들을 떠나보내며 항상

하는 말이 있습니다. "선생님들은 너희가 잘 되고 성공하면 좋겠어. 하지만 너희가 대학에 가고 사회에 나가서 잘 안되었을 때도, 문제가 생겼을 때도, 아니면 큰 잘못을 했는데 어떻게 해결해야 할지 모를 때도, 학교 다닐 때처럼 학교를 찾으면 좋겠어. 자식은 잘할 때만 내 자식인 건 아니야. 잘못했을 때도 같아. 그걸 너희들이 꼭 기억했으면 좋겠다."

서른이 되어서야 생각이 조금 깊어지고, 진정으로 진로를 고민하며 기도했습니다. 우연인지 하나님의 계획인지 그 시기에 북한 사역자의 강의와 탈북 여학생의 강연을 듣게 되었고 북한이라는 나라가 바로 옆에 있다는 것, 그리고 우리 할머니, 할아버지의 고향도 북한이라는 것을 새삼 깨닫게 되었습니다. 그 후 북한에 대한 생각이 끊이질 않았고, 북한을 위해 내가 할 수 있는 것이 무엇일까 고민하던 중, 한 살이라도 어릴 때 북한을 위해 나의 달란트를 드려야겠다는 마음을 주셨습니다.

믿음 안에서 배우고 자라가는 학생들을 보면서, 그들과 함께하려면 나 먼저 제대로 믿어야겠다는 생각에 제자훈련을 받기 시작하였습니다. 제자훈련을 받으며 비로소 예수님을 인격적으로 만났습니다. 나의 죄인 됨을 낱낱이 보여주시며 회개하게 하셨고 이런 나를 사랑하시는 주님이 계시다는 것이 든든했습니다. 덕분에 내 안에 주님의 사랑이 채워졌으며, 날마다 새 힘을 주셔서 지치지 않고 즐겁게 배우고 가르치는 동안 8년이라는 시간이 지나고 있습니다.

수업 중에 갑자기 한 여학생이 책상에 엎드려 엄마가 보고 싶다고 엉엉 울어서 수업이 중단되었던 일이 있었습니다. 그때 저는 너무 놀라고 당황해서 어떻게 해야 할지 몰랐고, 위로를 해주었지만 그 그리움과 아픔은 감히 상상이 되지 않았습니다. 그런데 제가 결혼과 출산을 하며 이해와 공감의 폭이 조금은 넓어졌던 것 같습니다. 함께 함의 귀중함을 느끼게 됐고 그들의 눈물이 나의 눈물이 되어갔습니다.

가르치며 함께 생활하면서 아이들에게 배우는 것이 참 많습니다. 가장 먼저는 매 순간을 소중하게 생각하여 적극적으로, 최선을 다하는 삶의 자세입니다. 20대의 나는 저렇게 열심히 살았는가, 지금의 나는 열심히 살고 있는가 하고 나의 모습을 돌아보게 만듭니다. 그리고 나 혼자만 잘 살아가는 것이 아니라, 주변을 돌아보고 챙기며 함께해야 한다는 것을 깨닫게 됩니다. 북한 친구들이 중국 출생 동생들을 챙기며 끌어주는 것, 동생들이 언니 오빠를 믿고 따르며 성장해가는 것을 보고 있자면, 고맙고 기특합니다. 마음이 따뜻한, 더 훌륭한 교사가 되고 싶게 합니다.

일을 해서 돈을 벌어야 한다는 유혹에 흔들리지 않고 배움의 자리를 선택한 학생들. 본인의 자리를 지키고 사회에 선한 영향력을 줄 수 있는 사람으로 성장하기 위해서는 진리에 근거한 올바른 지식을 갖추고, 자신을 견고히 하는 시간이 반드시 필요합니다. 이 시간이 넘어지지 않는 힘을 키워주는 귀한 시간이라고 생각합니다. 반석에 있는 모든 이들이 이렇게 믿음 안에서 배우고 사랑하며 성장해가고 있습니다. 우리를 이렇게 따뜻하고 훌륭한 사람으로 키워내고 계시는 것을 보면서 하나님의 계획에 통일은 반드시 있다고 믿게 됩니다.

올해 저의 고민과 열심은 중국에서 출생한 아이들을 향해 있습니다. 엄마의 나라에서 자라지는 못했지만 엄마의 영향을 받아, 엄마의 나라에서 영향력을 떨친 모세 같은 아이들 말입니다. 중등 위탁교육과정을 시작하며 이 어린아이들이 얼마나 귀한지 알게 되었고, 사랑으로 잘 키워내고 싶은 욕심이 생겼습니다. 어린 나이에 자신의 몫을 스스로 감당해 가는 것이 기특하기도 하지만, 짠하기도 합니다. 언어가 통하지 않는 답답함을 견디며 공부하고, 외로움도 스스로 참아내고, 엄마를 원망하지 않으며 오히려 사랑하는 마음만 가득 담아내는 아이들. 착한 사람이 되고 싶다며 엄마가 힘들까 봐 용돈도 아껴 쓰는 이 기특한 아이들을 어찌 사랑하지 않을 수 있겠습니까? 엄마의 나라에서 자란 언니, 오빠들과 힘을 더하여 남북한의 선생님이 키워내는 중국 출생 아이들이 얼마나 귀엽고 대견한지, 그들의 성장해가는 모습을 보노라면 엄마 미소가 저절로 나옵니다.

이 아이들과 한국어로 수업하는 수학 시간이 참 재미있습니다. 중국어를 전혀 못하는 선생님이기에 손짓, 발짓, 번역기를 동원하고, 한국어 소통이 가능한 친구들이 통역을 해주는 활기가 넘치는 시간입니다. 한국어로 수업을 해도 소통이 되는 수학을 전공했다는 것이 참 다행이고, 감사합니다. 그렇게 우리는 서로를 도와 공부하면서 통역사, 번역가, 수학 선생님이 되고 싶다는 꿈을 꿉니다. 이 아름다운 아이들을 하나님께서는 어떻게 사용하실까요, 참으로 기대가 됩니다.

2015년, 대학교 입학을 위해 입시 공부할 곳이 필요했습니다. 이런 고민을 가지고 있던 중 친구 한 명을 만났는데, 그다지 공부를 좋아하던 성향은 아니었습니다. 그런데 그 친구가 제게 공부를 한다고 알려 왔습니다. 그가 다니는 학교가 어떤 학교인지 궁금해졌습니다. 나아가 나도 그 학교에서 대입 준비를 할 수 있으면 좋겠다는 생각을 하게 되었습니다. 그렇게 나는 반석학교에 처음 발을 딛게 되었습니다. 반석학교의 첫 이미지는 그렇게 좋은 편이 아니었습니다. 학교 건물은 낡은 건물 한 쪽에 있는 허름한 공간에 불과했고, 선생님들도 그냥 평범한 사람으로 보였습니다.

입학 상담을 받은 후, 입학을 결정했습니다. 입학을 결정하게 된 가장 큰 이유는 편안한 분위기에서 대입 준비를 할 수 있다고 느꼈기 때문입니다. 입학 상담을 해주신 선생님은 교감 선생님으로 정말 인자한 할머니 같았습니다. 처음 만났지만 어떤 말도 할 수 있을 것 같은 분위기였고, 이런 편안함에 이끌려 반석학교에서 공부를 시작하게 되었습니다.

학교의 수업은 같은 나이의 학생들이 같은 수업을 듣는, 우리가 익히 아는 수업이 아니었습니다. 연령이나 학력에 관계없이 수준별 수업이 진행되었고, 나 또한 수준에 맞는 영어, 수학, 국어 수업에 들어가게 되었습니다. 뭐 별다른 의견은 없었으나 처음 접해보는 수업 운영방식이라 당황스럽기는 했습니다. 아무래도 나는 수학을 잘 못하기 때문에, 나보다 어린 학생과 같이 수업을 받는 것이 조금 부끄럽긴 했으니까요. 하지만 선생님이 그렇게 해야 한다고 하니 썩 내키지 않았지만 따를 수밖에 없었습니다. 그러나 이런 방식의 교과 운영은 나의 수준을 정확히 파악하게 해주었고, 얼마 지나지 않아 열심히 공부해야겠다는 결심을 하게 되었습니다.

학교 운영 규정상 매일 아침 QT 시간을 가집니다. 먼저 찬양을 하고, 성경 구절을 함께 읽은 후 읽은 내용에 대한 느낀 점을 공유합니다. '하나님'이라는 단어도 처음 듣지만 '하나님'에 '아버지'까지 붙여집니다. 아니, 내 아버지는 따로 있는데 무슨 하나님에 아버지까지 붙이는지, 대단히 불편하고 이해되지 않았습니다. 물론 이런 생각을 겉으로는 표현하지 않았습니다. 북한에서는 어른들의 말에 이견을 제기하는 것이 쉽지 않은 문화이기에, 여기서도 이견을 드러낼 수 없었습니다. 그러던 어느 날, 교회에 나올 수 있냐는 질문을 받았습니다. 딱히 내키지 않았지만 주말에 공부하지 않으면 할 게 없으니 나가겠다고 답했고, 반석학교에 입학하고 2주 만에 사랑의교회에 가게 되었습니다.

매일 반복되는 QT 시간이 싫을 때가 많았습니다. 공부할 시간도 부족한데 무슨 성경 말씀을 읽나 싶었기 때문입니다. 그렇다고 그런 마음을 겉으로 표현할 수도 없었습니다. 싫으면 여기서 나가면 되는데 그렇게 하기에는 공부할 곳이 마땅치 않았기에, 그냥 참기로 했습니다. 이런 생각도 잠시, 말씀에 대해 각자 의견을 자유롭게 말했을 때 선생님들은 잘 받아주었고 친구들도 잘 들어주는 분위기였습니다. 덕분에 나도 그냥 느끼는 대로 말하기 시작했습니다. 궁금하거나 이해가 안 되는 부분에 대해 말하고, 또 선생님들의 이야기도 듣다 보니 이내 마음이 편해졌습니다.

그렇게 약 4개월이 지나고 보니 어느새 매주 일요일이면 교회에 가있는 나를 발견했습니다. 교회에 가니 반겨주는 사람들이 정말 많았습니다. 그들은 진심으로 나를 환영해 주었고, 그 따뜻함이 좋아서 매주 교회에 가게 되었습니다. 무엇보다 좋았던 것은, 학교에서 주중에 보는 얼굴이 일요일에는 교회에서 반겨준다는 점이었습니다. 매일 보는 선생님 얼굴이지만, 싫지 않았습니다. 수업 시간에는 선생님이었지만, 그 외에는 친구나 다름없었고, 고민이 있을 때는 어떤 마음도 털어놓을 수 있는 엄마와 같았기 때문입니다. 이런 이유로 나는 교회에 더 자주 가게 되었습니다. 선생님이 좋아 공부도 더 열심히 하게 되었습니다.

지금 생각해 보면 학교는 마치 집과 같았습니다. 아침 일찍 등교해서 저녁 9시까지 있었는데, 수업 시간 뿐 아니라 하굣길에도 선생님과 이야기하면서 동행했습니다. 그날 배우거나 깨달은 내용을 선생님들과 이야기하며 학교를 나서는 시간이 너무 좋았습니다. 지금 돌아보면 일상생활과 공부의 경계 없이, 삶 그 자체를 따뜻하게 공감해 주는 사람이 필요했던 것 같습니다. 권위주의 국가인 북한 문화 속에서, 이유를 막론하고 나보다 강한 사람에게 머리를 숙여야 하는 상황들에 익숙해져 있던 나에게, 나보다 지위가 높은 선생님이 나의 말을 경청해 주고 공감해 주는 모습은 그냥 엄마처럼 느껴졌습니다. 북한을 떠나 엄마의 눈길과 손길을 잠시 잊고 살았던 나에게 그런 선생님들의 모습은 차가운 얼음이 녹듯 나의 마음을 녹여 주었습니다.

반석학교를 졸업한 후, 선생님들은 기꺼이 친구가 되어 주었습니다. 언제든지 나의 삶을 고민하고 나눌 수 있는 친구. 그냥 편안한 사람에서 선생님으로, 선생님에서 평생의 친구로 바뀐 것입니다. 나는 이런 관계가 너무 좋습니다. 그리고 이런 관계는 세상을 바라보는 나의 인식에 깨달음을 주기도 했습니다. 사람들은 특정한 영역에서 큰 차이가 있을 수도 있습니다. 남이 잘하는 것을 나는 못하기도 하고, 그 반대의 경우도 있을 수 있고요. 하지만 하나님 앞에서 사람은 별다를 게 없다는 생각을 하게 된 것입니다. 그래서 삶을 더 겸허히 받아들이고 낮은 자세로 살아가야 하는지도 모르겠습니다. 제자에서 친구로, 이제는 저와 같은 학생들을 함께 가르치는 동료로서 같은 길을 가고 있는 반석학교의 모든 선생님들께 감사드립니다. 무엇보다도 저를 인도하시고, 저와 같은 친구들을 위해 살게 하시는 하나님께 감사하며 찬양을 올려드립니다.

반석학교

    반석학교는 2006년, 한 탈북 청년의 공부에 대한 작은 소망으로 시작되었습니다. 10년의 시간이 흘러 2016년에는 <사단법인 반석>으로 설립허가를 받고, 통일부 산하 남북하나재단의 탈북 청소년, 청년들의 대안학교로 선정되었습니다. 2022년에는 서울시 교육청 위탁교육기관(중학과정) 지정을 받았고, 서울시 교육청 대안교육기관 등록을 마쳤으며, 2023년 기준으로 통일부 남북하나재단(북한이탈주민지원재단) 대안교육 시설 8년 연속 선정을 받았습니다. 북한과 중국에서 (부모 중 한 분이 탈북민) 대한민국에 온 젊은이들에게 신앙을 바탕으로 꿈을 심어주고 통일시대의 인재를 양성하는 사랑의교회 소속, 대안학교입니다.

핵심철학

한 사람을 위하여 모든 사랑을
Infinite love for one

핵심가치

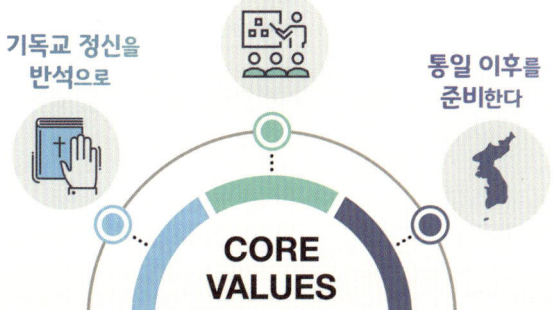

하나님의 사랑 안에서 '우리 안에 먼저 온 통일'을 경험하며, 통일시대의 온전한 리더를 세우는 반석학교의 귀한 사명에 기도와 후원으로 동참해 주시기 바랍니다.

- ◆ 홈페이지 : www.sarangbanseok.org
- ◆ 이메일 : banseokschool@naver.com
- ◆ 문의 : 02-3476-0283
- ◆ 사단법인 반석 후원 계좌 : 우리은행 1005-002-984548

그냥, 가족.

초판 1쇄 발행　　2023년 1월 25일

지은이	사랑의교회 북한사랑의선교부
발행인	오정현
펴낸이	이기원
편집인	신초록
초고교열	피경희, 나성순
교정·교열	문현재, 김미선, 인정선
디자인	헤아리
펴낸곳	페이스앤호프

출판등록
주소　서울특별시 서초구 명달로4길 8
전화 02-573-5717　　**이메일** kcf@sarang.org

ISBN　979-11-966666-2-0

"이 책은 저작권법에 따라 보호를 받는 저작물이므로 무단전재와 무단복제를 금지하며, 이 책 내용의 전부 또는 일부를 이용하려면 반드시 저작권자와 페이스앤호프의 서면동의를 받아야 합니다."

"책값은 뒤표지에 있습니다. 파본이나 잘못된 책은 구입한 곳에서 교환해 드립니다.